시간과 공간
그리고 말
—대화편—

상상 | 想像
서사 | 敍事
03

시간과 공간
그리고 말

—대화편—

송항룡

성균관대학교
출판부

동양철학의 핵심은 시간과 공간 그리고 말(언어)을 기반으로 하고 있다. 철학이라는 거대한 건물이 그 터전 위에 구축하고 있다는 말이다. 『주역』이 그렇고 노장의 철학이 그렇고 이후 인도에서 들어온 불교철학이 또한 그렇다. 나는 이러한 핵심과제를 전에 『시간과 공간 그리고 지금 바로 여기』라는 책에서 다룬 적이 있다. 이 책은 그때의 미진한 점을 생각의 산책을 하면서 주고받는 대화의 형식으로 다시 더듬어본 글이다.

그러나 전에 쓴 글을 그대로 옮겨 놓은 것이 있어 새롭게 쓴 책이 아니라는 비난을 피하기 어려운 점도 없지 않다.

뒤에 부록으로 붙인 세 편의 글은 별개로 쓴 것이다. 「테레사 수녀와 하나님 그리고 철학하는 사람과 진리」는 철학 잡지 『철학과현실』에 실었던 글이요, 「한국사상과 풍류」는 오래전 (1983)에 미국의 워싱턴주립대학에 1년간 머물고 있을 때 발표했던 원고 초록이다. 그리고 「고대 동양 철인들이 생각한 우주론」은 최근에 쓴 논문임을 밝혀 둔다.

송항룡 記

목차

서곡

박(樸)이 깨어지는 소리는
처녀막이 찢어지는 굉음이었다
세상이 열리는 순간이었다

현명(玄冥)은 갈라져
밤과 낮이 되고
혼돈(混沌)은 나뉘어
하늘과 땅이 되었다

말로
세상이 열리니
만물은 이름을 가지고
거기에 서 있었다

말

　말은 존재의 옷이다. 존재가 입고 있는 옷이 말이다. 옷을 입고 우리 앞에 마주 서는 존재자를 물(物)이라고 한다. 물은 인식대상으로 또는 관찰대상으로 마주서는 모든 존재현상을 말한다. 이른바 만물이라고 하는 존재자가 물이다.

　그리고 옷을 입지 않고 발가벗은 몸으로 있는 존재를 박(樸)이라 한다. 박은 물이 아닌지라 무물(無物)이라고도 하고, 옷을 입지 않은 발가벗은 몸이라 하여 무명(無名)이라고도 한다. 이 무물로서 있는 존재, 무명으로서 있는 존재가 박이다. 이 박으로 있는 존재를 자연(自然) 또는 실상(實相)이라고 한다. 실상이 박이요 박이 자연이다. 모두 말(언어) 밖의 존재요 옷을 벗은 발가벗은 몸으로 있는 존재라는 말이다.

　발가벗은 몸으로는 문 밖을 나설 수 없다. 옷을 입고 나서야 대문 밖을 나설 수 있다. 밖을 나설 수 없는 발가벗은 존재가 박이라면, 옷을 입고 대문 밖을 나서는 존재가 물이다. 존재가 입고 밖을 나서는 그 옷이 말이다. 물이 존재자라면, 박은 존재 그 자체라고 할 수도 있다.

　말로 세상이 열리니 만물은 이름을 가지고 거기에 서 있었다. 말로서 존재한다는 말이다. 말이 존재라는 말이기도 하다.

제1부

혜시와 장자의 대화

물고기의 즐거움

원숭이와 저공

말

물고기의
즐거움

혜시와 장자

혜시(惠施)는 장자(莊子)와 절친한 친구였다. 두 사람은 하루라도 만나지 못하면 병이 날 정도로 서로 보고 싶어 했고 그리워했다. 그리고 만나면 그들은 서로 다른 생각을 가지고 있었기 때문에 같은 결론에 도달하는 날이 한 번도 없었다. 늘 의견이 맞지 않아 으르렁거리다가 다시는 만나지 않을 것처럼 헤어지곤 했다. 그러나 얼마 가지 않아 그들은 또 만나 같이 시간을 보내곤 했다.

하루는 두 사람이 모처럼 만나 한가한 시간을 보내고 있었다. 해는 멀리 막고야(藐姑射)산으로 떨어지고, 석양이 온 들판을 붉은 빛으로 물들여가고 있었다. 강물은 한낮의 열기를 식혀가며 천천히 흐르고 있었다.

혜시와 장자는 그 강기슭을 편안한 마음으로 거닐면서 소요하고 있었다. 물고기가 이따금 수면 위로 뛰어올랐다. 붉은 물은 그때마다 수면이 일렁이다가는 다시 제자리를 메우며 흘러가고 있었다.

물속에서 노니는 고기가 들여다보였다. 아름다웠다. 자연은 이렇게 아름답다. 두 사람은 저녁 햇살에 생기를 얻으며 새롭게 뿜어내는 기화요초들의 신선한 생명의 숨결을 마시면서 물가를 거닐고 있었다.

물을 헤엄쳐 다니고 있는 고기들을 한참 들여다보고 있던 장자가 말을 했다.

"시원하게 노닐고 있군! 저것이 바로 물고기의 즐거움이로다."

물고기가 헤엄치는 모습은 그야말로 억지가 없었다. 물과 하나가 되어 노니는 고기의 즐거움을 장자는 생각했다. 그리고 그 생각을 무심코 내뱉었다. 그런데 옆에서 혜시가 그 말꼬리를 물고 늘어졌다.

"물고기의 즐거움이라고 했는가? 자네는 독단이 너무 심하군."

장자는 혜시의 얼굴을 쳐다보았다. 그리고 또 무슨 뚱딴지같은 트집이냐는 표정을 지었다.

"방금 자네는 물고기의 즐거움에 관해서 말을 했네."

"그랬던가? 응 맞아. 조금 전에 그런 생각을 하고 있었네."

하고 장자는 솔직하게 시인하면서 다시 강물 쪽으로 시선을 옮겼다.

"그런 생각을 어떻게 하나? 그것을 옳다고 생각하고 있단 말인가?"

혜시는 이렇게 서두를 꺼내고 나서 다시 말을 시작했다.

"자네는 전에 공자를 어리석은 사람이라고 비난한 일이 있네. 자기가 생각한 것을 들고 다니면서 온 세상 사람들에게 같은 생각을 하라고 강요한 사람이 공자가 아니던가? 이제 보니 자네는 공자보다 더 어리석은 사람일세 그려. 자네는 분명 물고기가 아닌데…"

"자네의 말을 알겠네. 그러니까 물고기의 즐거움을 어떻게 알겠느냐는 것이겠지."

하고 장자는 혜시의 말을 끊었다.

"그렇다네. 물고기는 자네가 아닐세. 저 물속에서 헤엄쳐 다니는 것은 즐겁게 노니는 것이 아니라 사실은 힘든 일을 하고 있는 것일지도 모르네. 또는 알지 못할 신에게 동원되어 노예처럼 고된 역사를 마무리하고 있는 중인지 모르지. 자네는 물고기가 아닌데 어떻게 물고기의 마음을 알겠는가? 자네는 지금 다른 차원의 세계를 넘나들고 있다는 것을 까맣게 모르고 있네. 물고기의 즐거움을 단정적으로 말하고 있는 것은 자네의 실수일세."

장자는 혜시의 말을 듣고 나서는 얼마 동안 말이 없었다. 그러다가 강물에 손을 한번 적시고 나서는 서서히 입을 열기 시작했다.

"뭐, 내가 자네의 모든 이야기를 그르다고는 생각지 않네. 그러나 나도 한 가지 질문을 던져보기로 하지."

하고는 잠시 말을 끊었다가 다시 시작했다.

"내가 물고기가 아닌 것처럼 자네 또한 이 장주가 아닐세. 그렇지 않은가?"

"물론이지. 내가 어떻게 장주 자네일 수가 있겠는가?"

"그러니까 나는 결코 자네 혜시일 수가 없으며 자네 또한 나 장주일 수 없다는 것은 분명하네. 그렇지 않은가?"

"그렇지. 분명하지."

하고 혜시가 대답했다.

"그렇다면 이러한 질문이 성립할 수가 있지. 자네는 내가 아닌데, 더 구체적으로 말해서 혜시라는 사람은 장주라는 사람이 아닌데, 장주가 물고기의 즐거움을 알고 있는지 모르고 있는지를 혜시가 어떻게 알 수 있겠는가? 혜시가 장주가 아니요, 장주가 혜시가 아닌 바에야 마찬가지로 자네와 나는 다른 차원의 세계에 놓여 있는 것일세. 그러니까 자네도 다른 차원의 세계를 넘나들고 있는 셈이군."

하고 장자는 혜시를 쳐다보며 웃었다.

"그러면 이제 더 말할 것도 없이 결론은 분명해졌네. 내가 자네 장주가 아니니까 자네의 마음을 알지 못하듯이 자네는 물고

18

기가 아니니까 물고기의 즐거움을 알지 못하고 있다는 사실이
분명해졌네 그려.”

"그러나 사실은 우리 앞에 아무것도 분명해진 것은 없네."

하고 장자는 혜시의 생각에 찬물을 끼얹었다.

"무슨 말인가? 그보다 더 명확한 결론을 어디서 끌어낼 수 있
다는 말인가?"

혜시가 의외라는 듯이 물어왔다.

공자의 어리석음

장자는 다시 입을 열었다.

"저기 저 강 건너편을 보게. 사람 하나가 앉아 있네. 그 사람은 우리를 보고 저 건너편에 사람이 있다고 말할 것이네. 어느 쪽을 명확하게 저 건너편이라고 할 수 있을 것인가? 아까 공자의 어리석음을 얘기했었지? 공자는 틀림없이 홀로 앉아 있는 사람 쪽을 가리키며 그곳만이 저편이라고 고집할 것일세. 그 고집을 부리느라고 온 천하를 돌아다닌 사람이 아니던가? 내가 생각한 것, 내가 옳다고 생각한 것은 다른 사람에게도 옳고 명확한 것이라고 믿고, 고집을 부리며 살아간 사람이었네. 그리하여 자기 생각을 억지로 다른 사람에게 집어넣는 일을 하느라고 늘 바빴지. 그러나 끝내는 헛수고만 하고 말지 않았던가? 실패

하고 말지 않았던가? 그것은 모든 사람에게 옳은 것, 모든 사람에게 명확한 것이 있음을 믿었기 때문일세. 이것이 공자의 어리석음이었네. 어떻게 그런 것이 있을 수 있단 말인가? 공자의 생각은 공자 자신의 생각이지 어느 다른 사람의 생각일 수는 없네. 그것을 공자는 모르고 있었다고 볼 수 있지."

장자는 잠시 말을 끊었다가 다시 이어갔다.

"자네는 나더러 공자보다 더 어리석은 사람이라고 했던가? 그럴지도 모르지. 그것을 반박할 생각은 추호도 없네. 그러나 나는 그저 내 생각을 말로 나타냈을 뿐이지. 자네더러 내 말을 믿으라거나 나와 똑같은 생각을 해달라고 강요할 의사가 있었던 것은 아니라네. 사실은 자네가 들으라고 한 말도 아닐세. 혼자 중얼거려본 것이 그만 자네 귓전에 전해진 모양일세 그려. 그러나 물고기의 즐거움을 안다는 것과 물고기의 즐거움을 모른다는 것을 비교하여 명확한 결론을 이끌어내는 일이야말로 무리일세. 자네가 말하는 그 명확한 결론이라는 것은 내게 해당되고 자네에게도 해당되는 어떤 하나의 내용이라는 것이 아니겠나? 그렇다면 그것 역시 서로 다른 차원의 세계를 무리하게 넘나들면서 하나가 아닌 것을 하나의 생각으로 묶으려는 헛된 짓일 테니까 조금도 명확한 것이 아닐세. 다른 차원의 세계에 대해서는 '안다', '모른다'라는 것이 모두 간섭일세. 그러므로 그 어떤 것도 명확한 것이 아닐세. 그러나 그러는 가운데 한 가지 명확한 것이 있다면, 나는 물고기의 즐거움을 안다고 생각하고 있고, 자네는 물고기의 즐거움을 모른다고 생각하고 있는 두 사람의 대화, 곧 생각이라는 것이 있을 뿐일세."

하고 장자가 말을 마치며 시선을 옮기려는데 어디선가 느닷없이 물새 한 마리가 나타나더니 수면 위로 뛰어오르는 고기를 채어 물고 하늘 높이 날아오르는 것이었다.

"저런, 저런 고얀 놈을 봤나."

혜시가 그것을 보고 어이없다는 듯 욕설을 퍼부으며 바라보자

"그만두게. 운명인 것을 어찌하겠나. 후회하지는 않을 것이네."

하고 장자가 멀리 날아가고 있는 물새를 바라보며 말했다.

얼마 있지 않아 노을은 없어지고 어둠이 깔리기 시작하면서 강물도 땅도 하늘도 만물의 구별도 없는 혼돈으로 온 세상은 빠져들었다.

그 혼돈 속을 걸어오면서도 두 사람은 하나가 되지 못하고 자꾸만 갈라지는 구별의 세계를 머릿속으로 더듬고 있었다.

어쩔 수 없는 인간의 멍에였다.

원숭이와
저공

수와 사물

혜시가 장자에게 말했다.

"그대는 저공이 원숭이를 농락했다고 생각하는가?"

"열어구(列禦寇)는 그렇게 생각하고 있는 모양이더군."

하고 장자가 말하였다.

"그대는 그렇게 생각하고 있지 않다는 말인가?"

혜시가 이렇게 물었다.

"나는 저공이 원숭이를 농락했다고는 생각지 않네."

하고 장자는 대답하였다.

저공(狙公)은 원숭이를 여러 마리 기르고 있는 사람이었다. 하루는 먹이로 준비한 도토리만으로 겨울나기가 힘들 것 같아 도토리 양을 줄일 생각에 원숭이에게 이렇게 말했다.

"내일부터는 도토리를 아침에 세 개, 저녁에는 네 개씩 주려고 한다. 괜찮겠느냐?"

그 말을 듣고 원숭이들은 펄쩍 뛰면서 안 된다고 불평했다. 그러자 저공은 말을 바꾸어 다시 말하였다.

"그럼 이렇게 하지. 아침에는 네 개 저녁에는 세 개를 주도록 하겠다."

원숭이들은 그 말을 듣고 이번에는 불평 없이 그 제안을 받아들였다. 이 이야기를 전해 듣고 사람들은 저공을 비난하였다. 하루 먹는 도토리 양은 일곱 개로 동일한 것을, 말을 바꾸어 다른 것처럼 원숭이를 속이고 농락하였다는 것이다. 아무리 짐승이라고 하더라도 먹을 것을 가지고 농락하는 것은 잘못이라는 것이었다.

혜시가 장자를 보고 말하였다.

"그렇다면 자네는 아침에 세 개 저녁에 네 개를 주는 것과 아침에 네 개 저녁에 세 개를 주는 것이 같지 않다는 말인가?"

"같다고도 할 수 있고 같지 않다고도 할 수 있겠지."

하고 장자가 말했다. 그러자 혜시가 다시 말했다.

"무슨 말을 그렇게 하는가? 분명한 생각을 말해보게."

"수에 있어서는 같지만, 사실에 있어서는 다르다는 말이네."

"그것은 또 무슨 말인가?"

하고 혜시가 다시 물었다.

"도토리는 사실로서 존재하는 것이지만, 수는 사실로 존재하는 것이 아니란 말이네."

하고 장자가 대답했다.

"그러면 3+4와 4+3은 모두 7이므로 같은 것이지만, 그것에 해당하는 도토리는 그 수가 7이 아닐 수도 있다는 말인가?"

"자네는 어떻게 생각하는가?"

"나는 도토리도 마찬가지로 그 수가 7이라고 생각하네."

"그렇지. 그 수는 7이지."

"그렇다면 같은 것이 아니겠는가?"

"무엇이 말인가?"

"사물로서 존재하는 것과 수로서 존재하는 것을 말하고 있는 것이네."

"자네는 같다고 생각하고 있는가?"

하고 장자가 혜시에게 물었다.

"자네도 같다고 방금 말하지 않았는가? 도토리도 그 수는 7이라고."

하고 혜시가 말했다.

"나는 그 수를 7이라고 했지 도토리가 7이라고 하지는 않았네."

"그 수를 7이라고 한 것은 결국 도토리를 말한 것이 아닌가?"

혜시가 이렇게 말하자 장자가 다시 물었다.

"자네는 도토리를 수라고 생각하나?"

"물론 도토리가 수는 아니지."

혜시의 대답이었다.

"수에 있어서는 같을 수가 있지만, 도토리는 수가 아닌 것이므로 같을 수가 없다네."

"그러나 도토리가 수와 무관하게 존재할 수는 없지 않은가?"

혜시의 말이었다.

"수는 어떤가? 수도 도토리와 무관하게 존재할 수 없는 것인가?"

하고 장자가 묻자 혜시가 말했다.

"수는 다르지, 수는 도토리와 무관하게 수만으로 독립하여 존재할 수 있지."

그러자 장자가 다시 물었다.

"수가 도토리와 무관하게 존재할 수 있다면, 도토리도 수와 무관하게 도토리로서 존재할 수 있을 것이 아닌가?"

"그렇군. 도토리도 수와 무관하게 존재할 수도 있겠군."

하고 혜시는 장자의 의견을 받아들이는 듯이 말하였다.

"모든 존재하는 사물이 다 그렇게 존재할 수 있지."

"그러나 수로서 사물을 말할 수 있지 않겠나?"

"그렇지. 마찬가지로 사물로서 수를 말할 수도 있겠지."

"그러면 저공은 어떤 경우인가 수로서 사물을 말한 것인가, 사물로서 수를 말한 것인가?"

하고 혜시가 물었다.

"나는 그가 수로서 사물을 말한 것이라고 생각이 드네. 또는 사물로서 수를 말한 것이라고 해도 상관없겠지. 그것은 결국 같은 것일 테니까. 사람들이 말을 바꿈으로서 원숭이를 농락했다고 저공을 비난하는 것도 그 때문이라고 생각하네. 3+4를 4+3으로 바꾸어도 그 수에 있어서는 달라지는 것이 아니니까."

하고 장자는 말하였다. 그러자 혜시가 다시 말하였다.

"그렇다면 동일한 것을 말을 바꾸어 원숭이를 속인 것은 사실이 아닌가? 사람들이 저공을 비난하는 것은 마땅한 것이겠군."

"나는 그렇게 생각하지 않네."

하고 장자가 말하였다.

"그러면 사람들의 비난은 잘못된 것이란 말인가?"

"원숭이를 속이려고 저공이 말을 바꾼 것이라고는 생각지 않네."

역시 장자의 말이었다.

"그렇다면 왜 저공이 말을 바꾸었다고 생각하는가?"

"동일한 것이라도 말을 바꿈에 따라 기분은 달라질 수도 있는 것이니까. 또 아침저녁 먹는 식성이 다를 수도 있네. 이것은 원숭이만이 그런 것이라고는 생각지 않네. 사람들도 그럴 수가 있지. 기분을 달리하는 것은 이해를 달리하고 있다는 것일 수도 있네."

3+4와 4+3

"그렇다면 무엇인가? 원숭이도 3+4와 4+3은 같은 것이라는 것을 알고 있었다는 말인가?"

"나는 원숭이가 그것까지를 알고 있다고는 말하지 않았네."

그러자 혜시가 말하였다.

"그러나 자네는 그 말을 한 것이나 다름없네. 왜냐하면 저공이 원숭이를 속이려고 말을 바꾼 것이 아니라면, 그리고 자네 말대로 동일한 것이라도 기분을 달리할 수 있기 때문이라고 한다면, 원숭이도 저공과 같이 3+4와 4+3이 동일하다는 것을 알고 있다고 해야만 하기 때문일세. 그렇지 않다면 저공은 원숭이를 농락했다는 비난을 면하기는 힘들 것이라고 보네. 그러나 과연 원숭이가 3+4와 4+3이 7로, 즉 수의 동일성을 알 수 있었을까 없었을까 하는 것이네."

"자네는 어떻게 생각하나? 알 수 있다고 생각하는가?"

하고 장자는 물었다.

"나는 원숭이가 비록 영리하기는 하나 수 개념을 알 수 있는 지혜를 가지고 있다고는 생각지 않네."

혜시의 대답이었다. 장자도 혜시와 같은 생각이라고 하였다.

"그렇다면 지금까지 자네의 말은 뒤집어지는 것이 아닌가?"

하고 혜시가 말하였다.

"그렇지 않네. 내 말은 하나도 달라진 것이 없네."

장자가 이렇게 말하자 혜시가 다시 말하였다.

"원숭이가 수 개념을 알지 못한다면, 즉 3+4와 4+3이 동일하다는 것을 알지 못한다면, 결국 저공이 말을 바꾼 것은 원숭이의 몽매성을 농락한 것이 되지 않을 수 없기 때문일세."

"아까도 말했지만 저공은 원숭이를 속이거나 농락하려고 말을 바꾼 것이 아닐 것이라는 생각에는 변함이 없네."

장자는 이렇게 말하였다.

"물론 나도 저공이 악의적으로 원숭이를 농락하려고 말을 바꿨으리라고는 생각지 않네. 모자라는 겨울먹이를 줄이려는 순수한 목적이었을 테니까. 그러나 결국은 원숭이가 그 말에 속아 넘어간 것이 아닌가. 저공은 원숭이가 수 개념에 무지함을 이용한 것이고 말일세."

"나는 그렇게 생각하지 않네. 저공이 원숭이의 무지를 이용한 것도 원숭이가 저공의 술수에 넘어간 것도 아니라고 생각하네. 왜냐하면 그것은 수 개념은 인간에게만 있고, 원숭이에게는 없기 때문이라고 할 수 있네."

"무슨 말을 하고 있는 것인가? 오히려 그때문에 저공이 원숭이를 속이는 결과를 가져오게 한 것이 아닌가?"

"그렇지 않네. 그것은 순전히 수 개념으로서 존재하는 것과 사실로서 존재하는 것의 혼동에서 온 결과라고 생각하네. 수 개념에 있어서는 같은 것이 있을 수 있지만, 사실로서 존재하는 것에는 같은 것이 있을 수 없기 때문이지. 그러므로 저공에게는 3+4와 4+3이 같은 것일 수 있지만, 원숭이에게는 같은 것일 수 없네. 3+4를 4+3으로 바꾸어도 그 수에 있어서는 달라지는 것이 없지만, 그것이 수 개념이 아닌 사실적 존재로서의 도토리는 달라진다는 말이네. 그러므로 저공은 수로 같은 것을 바꾸어 말한 것인지 모르지만, 원숭이에게는 같은 것을 바꾼 것이 아니라 다른 사실로서 마주서는 것이라네. 원숭이로서는 결코 속아 넘어가거나 농락당한 것이 아니라는 말이네."

"그렇지만 저공은 원숭이의 무지를 이용하여 목적을 달성한 것이라고 보아야 하지 않겠는가?"

혜시의 말을 듣고 장자는 다시 이렇게 말하였다.

"꼭 그래야만 한다면 그렇게 생각해도 상관없겠지. 문제가 달라지는 것은 아니니까. 다만 저공이 원숭이를 농락하려고 그러한 것이라고만 하지 않는다면, 원숭이의 무지를 이용했다고만 할 것이 아니라, 아까도 말했지만, 동일한 것이라도 말을 바꿈으로서 기분을 달리할 수도 있다는 생각에서 그리할 수도 있네. 그리하면 저공을 비난할 소리도 훨씬 줄어들지 않겠는가?”

“그 말을 자네는 지금 두 번씩이나 하고 있네. 그러나 그것은 수의 동일성을 흔들어놓는 결과를 가져올 수 있네.”

장자는 혜시의 말에 더 끌려들어가지 않기 위하여 다음과 같이 말하였다.

“그렇게 너무 말꼬리를 물고 늘어지지 말게. 나는 그저 저공이 원숭이를 속이거나 농락하려고 말을 바꾼 것이 아닐 수도 있다는 이야기를 하려는 것뿐이었네.”

그러나 혜시는 장자의 의도를 받아들이지 않았다.

“그렇지 않네. 자네는 말을 피하지 말게. 이것은 실로 중대한 문제일 수도 있네.”

“그러지. 그럼 말을 해보게. 무엇이 문제란 말인가?“

“동일성에 관한 것인데”

하고 혜시가 말을 시작했다. 그러나 장자가 중도에서 그의 말을 끊었다.

“알겠네. 그러니까 자네는 지금 우리가 전에 강가에서 주고받았던 물고기 이야기를 다시 하려는 모양이군. 그러나 그것과는 다른 문제라고 나는 생각하네.”

“물론 이번은 수(數)의 동일성을 말하고 있는 만큼 다르다고 할 수도 있네.”

하고 혜시가 말하였다.

"그렇다면 무엇이 문제란 말인가?"

장자가 이렇게 묻자 혜시가 다시 말을 하기 시작했다.

"지난번에 우리는 동일성을 부정했지. 물고기와 사람 그리고 사람과 사람의 생각까지도 그 어느 것 하나 같은 것은 없다. 그어떤 존재자끼리도 동일성을 가지고 존재할 수는 없다. 우리는 이런 결론으로 이끌어갔지. 공자가 헛수고를 한 것은 동일성이 존재한다는 믿음 때문이었다는 말도 하지 않았는가?"

"그랬지. 그런 말을 했지."

하고 장자는 말을 받았다. 혜시는 말을 계속했다.

"그런데 그 수의 동일성이 유지될 수 있는가 하는 점일세. 우리는 앞에서 원숭이가 수 개념을 가지고 있지 않을 것이라고 했네. 그러므로 원숭이에게는 같은 것이 있을 수 없다고 했지. 원숭이에게는 수 개념은 없고 오직 사실개념만 있을 뿐이니까 동일성은 수 개념에서만 있을 수 있다고 하지 않았는가? 사실세계에서는 동일성이 있을 수 없다는 것이 지난번 강가에서 우리가 주고받은 결론이 아니겠나? 그러나 수의 동일성은 사실과 관계할 때도 그대로 유지될 수 있는가 하는 점이네. 만약 유지되지 않는다면 그 수의 동일성은 하나도 중요한 것이 아닐 수 있네."

혜시는 장자의 말대로 정말 꼬리를 물고 늘어질 모양이었다. 장자는 혜시의 말을 가만히 듣고만 있었다.

혜시가 다시 말을 계속했다.

"나는 수의 동일성도 지난번 강가에서 물고기에 대해 자네와 주고받던 것과 다른 문제라고는 생각지 않네. 도토리 일곱이라는 수 개념을 가지고 동일성을 말하지만, 말을 바꿈으로 기분을 달리할 수 있는 것이라면, 3+4와 4+3은 동일한 것일 수 없다는 말일세. 동일한 것일 수 없다면, 그 수가 둘 다 비록 7이라고는 하더라도 동일한 7일 수는 없네. 말하자면 수의 동일성은 유지될 수 없다는 것이네."

혜시의 말이 끝났음에도 불구하고 장자는 여전히 말이 없었다. 그는 하늘을 쳐다보고 있었다. 떠가는 구름 한 점이 한가롭다는 생각이 들었다. 얼마를 그러고 있다가 장자는 혜시를 향해 천천히 입을 열었다.

명확한 결론

"지난번 강가에서 우리는 이런 결론을 내렸네. 이 세상에는 아무것도 명확한 결론을 내릴 수 있는 것은 없다고 말이네. 그런데 지금 자네는 나한테 또 그 결론을 내리라고 요구하고 있는 것 같군. 명확하고도 분명한 결론을 말일세. 이를테면 누구에게나 인정되고 동의할 수 있는 진리를 요구하고 있는 셈이지. 그것을 사람들은 보편 또는 절대 진리라고 하더군. 보편, 절대라는 것이 무엇인가? 그것은 동일성의 확보를 말하고 있는 것이 아니겠나? 법칙, 원칙, 근원, 원인, 결과, 인과율 말이네. 그리고 선악, 미추, 진위 같은 것들까지도 동일성을 기반으로 하는 어떤 기준 위에서 성립하는 것들이 아니겠나? 그것을 지금 자네는 나한테 요구하고 있네. 물론 자네는 아니라고 하겠지만, 오히려 동일성에 빠져들고 있는 것은 내가 아니라 자네라는 생각을 하게 되네. 내게 분명한 답을 요구하고 있는 것이 무엇인가 명확한 결론 아닌가? 누구에게 명확한 결론이란 말인가? 그 결론이란 설혹 나는 빼어놓는다고 하더라도 자네는 물론 다른 모든 사람들도 인정하고 수긍할 수 있는 결론을 말하는 것이 아닌가? 그런 결론, 다시 말해서 명확한 결론이란 곧 동일성을 확보한 결론이 아닐 수 없네. 3+4나 4+3은 비록 그 수가 둘 다 7이라 하더라도 동일한 것일 수 없다는 자네의 말을 부정할 생각은 없네. 완전히 동일한 것이라면 두 가지로 말하는 것부터가 있을 수 없는 일일 테니까 말이네. 그리고 둘 다 그 수가 7이라는 것, 그래서 같다는 것을 모르는, 즉 수 개념이 없는 원숭이에게 왜 동일성이 문제가 되어 의미를 물어야 하는지에 대해서도 나는 굳이 변론을 늘어놓고 싶은 생각이 없네. 그러나 이것 한 가지만은 말해두기로 하지. 지금 우리가 하고 있는 말의 시작은 '조삼모사(朝三暮四)'에 대한 이야기가 아니겠는가? 나는 열자(列子)의 생각이 틀렸다고도 말하지 않았네. 그리고 내 생각이 옳다는 주장도 결코 한 적이 없다는 것이네. 그러니까 저공이 원숭이를 농락했다느니 농락하지 않았다느니 하는 것은 실은 논쟁 밖의 문제라는 것일세. 동일성의 문제도 마찬가지일 수 있네. 우리는 모든 것을 그저 생각할 뿐 어떤 결론을 내리는 일은 유보할 수밖에 없다는 것을 알기 때문이지. 그렇지 않은가? 우리는 토론을 늘 이렇게 끝낼 수밖에 없는 것이군. 시비를 분명

히 하려는 공자 같은 용기는 우리에게 없단 말이네. 그것이야말
로 얼마나 다행한 일이겠는가?"

수와 동일성

무하공이 말했다.

"혜시와 장자의 대화는 좀 미진한 점이 있지 않은가?"

맹랑선생이 말했다.

"무엇을 말인가?"

"원래 수는 없고, 사물만이 있는 것이 아니겠는가?"

"그렇지. 수는 사실개념이 아니지. 있는 것은 사물만이 있을 뿐이지."

"그 있지도 않은 것을 두고 같으니 다르니 하는 동일성을 문제 삼고 있지 않은가?"

"원래 사물에서 분리되어 수가 있게 된 것은 바로 동일성을 문제 삼기 위해 독립시켜 사실개념이 아닌 허구개념을 만든 것이 아니겠는가?"

"동일성은 수에서만 문제 삼을 수 있다는 말이군."

"사실 속에 어떻게 동일성이 있겠는가?"

"그러니까 동일성은 사실로서 실재하는 것이 아니라는 말이군."

"그렇지. 그러나 있지도 않은 것을 문제 삼게 되는 것은 좀 더 생각해보아야 할 것 같군."

"문제 삼게 되는 것은 늘 사실개념이 아닌 데서 생겨나는 것이라고 할 수 있지."

"그렇군. 그렇다고 할 수 있겠군."

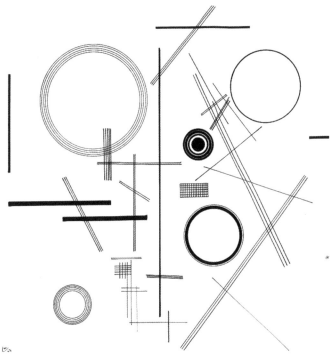

홍몽의 노래

공손룡의 말

혜시가 장자를 만나 이런 말을 하였다.

"이곳으로 오는데 이상한 말을 노래하듯 지껄이고 지나가는 사람이 있었네."

"무슨 말을 하던가?"

하고 장자가 물었다.

"태산은 가을 털끝보다 작고 가을 털끝은 태산보다 크도다. 이것을 누가 알겠는가, 이것을 누가 알겠는가 하더군."

"누구라고 하던가?"

"물어보려고 하였으나 다가가기도 전에 가버렸네."

장자는 한참이나 있다가 물었다.

"자네 공손룡(公孫龍)을 언제 만났는가?"

"오래되었네. 언젠가 저잣거리에서 소란을 피우고 있는 것을 본 뒤로는 만나지 못하였네."

"그랬었군."

그러나 혜시는 갑자기 무슨 생각이 들었는지 놀란 듯이 입을 열었다.

"그럼 그가 공손룡이란 말인가?"

"그가 아니라면 그런 말을 누가 할 수 있겠는가?"

장자는 이미 알고 있었다는 듯이 말하였다. 지나친지가 얼마 되지 않았는지라 혜시는 급히 공손룡을 찾아 나섰다. 얼마 가지 않아 저만큼 산모퉁이를 돌아서는 모습이 보였다.

"공손공, 공손공!"

혜시가 소리쳐 불렀으나 그는 돌아보지도 않고 그냥 가버렸다.

"소용없는 일이네. 자네를 만나고 싶지 않은 것 같군."

뒤따라온 장자가 혜시를 보고 말하였다. 혜시는 더 따라가지 않고 돌아서고 말았다.

"이상한 일이군. 부르는 소리를 듣고도 그냥 가버리는군."

"아까도 자네를 피하더라고 하지 않았는가?"

"그때는 그도 나를 몰라보았을 것이 아닌가?"

"그렇지 않네. 그 노래는 자네를 두고 한 것이었네."

"그럼 왜 그냥 가버린단 말인가? 나는 결코 노여움을 살 일이 없는데."

하고 혜시는 말하였다.

"그것은 알 수 없는 일이네. 행동을 하고 자국을 남기지 않기는 힘들고, 말을 하고 남의 마음에 생채기를 주지 않기란 힘들다고 노자(老子)는 말하였네. 자네는 언제나 말을 아끼지 않고 하지 않던가?"

혜시는 공손룡에 대해 생각했다. 그는 젊은이들을 혼란시키고 세상을 시끄럽게 한다고 사람들이 비난하고 있으나 혜시는 그렇게 생각하지 않았다. 공손룡은 훌륭한 변론가였다. 누구도 그를 당해낼 수 없는 달변의 논객이었다. 언젠가 장마당에서 남의 흰말을 끌고 가면서 자기는 말을 가지고 가는 것이 아니라고 우긴 일도 있었다. 백마는 말이 아니라는 것이다. 또 한 번은 흰돌 한 개를 손바닥에 올려놓고 이것은 두 개의 돌이라고 주장하여 주위 사람들을 어리둥절하게 한 일도 있었다. 혜시는 아직도 그의 견백론(堅白論)과 백마비마론(白馬非馬論)에 대해서는 반박할 자신이 없었다.

"자네는 무엇을 그렇게 생각하고 있는가?"

하고 장자가 물었다.

"공손룡 말이네. 그는 어떤 인물인가?"

그러나 장자는 대답을 하지 않았다.

"그는 세상을 어지럽히고 다니는 사람인가?"

이번에도 장자는 말이 없었다. 장자도 공손룡을 생각하고 있었다. 태산이 털끝보다 작다는 것과 털끝이 태산보다 크다는 것은 결국 같은 말인가 하는 생각을 하였다. 그리고 태산은 가장 큰 것을 나타내는 말이요, 가을 털끝은 가장 작은 것을 나타낼 때 쓰는 말이다. 그러나 태산보다 큰 것은 얼마든지 있고 털끝보다 작은 것도 얼마든지 있다. 그러므로 대소를 태산과 털끝으로 묶어둘 수는 없는 것이라는 생각을 하고 있었다.

"왜 말이 없는가?"

하고 혜시가 말하였다. 그때서야 장자는 비로소 입을 열었다.

"나는 그가 세상을 어지럽히고 다닌다고는 생각하지 않네."

장자는 공손룡을 존경하고 있지는 않았지만 비난하고 싶지도 않았다. 그의 말은 궤변이기는 하지만 근거 없이 하는 말은 아니었다. 그는 많은 생각을 하는 사람이라고 생각하였다. 그래서 장자는 다시 말을 계속했다.

"그는 다만 일반적인 것을 생각하지 않을 뿐이지. 누구나 할 수 있는 생각은 그가 하지 않아도 되지 않겠는가?"

"그러나 세상 사람들은 모두 그의 말을 궤변이라고 비난하고 있지 않은가?"

하고 혜시가 말하였다.

"자네도 그렇게 생각하는가?"

"궤변은 훌륭한 논변이라고 나는 생각하네."

그러자 장자가 다시 물었다.

"마음에 상처를 주지 않는 말을 노자는 선언(善言)이라고 하였네. 궤변이 선언에 해당한다고 보는가?"

지언과 치언

혜시가 대답하였다.

"노자는 말을 아끼는 사람이 아니던가? 그러나 공손룡은 말을 아끼는 사람은 아니네. 지언(知言)한 사람이라고는 할 수 있다고 보네. 그의 말은 번다한 것 같지만 조리가 있고 허술한 점이 끼어들 틈이 없었네."

"그러나 지언한 사람의 말은 치언(巵言)이라고 할 수 있으나 치언을 궤변이라고 할 수는 없지 않겠는가?"

궤변은 지언한 사람에게서 나올 수 있는 것이기는 하나 지언한 사람의 말이 다 치언일 수는 없다는 뜻이었다.

"궤변은 치언이라고 할 수는 없으나 세상을 그르치는 말이 아닌 것만은 분명하다고 보네."

궤변은 사실에 근거하기는 하나 사실을 말하고 있는 것은 아니다. 사람들이 말장난이라고 비난하는 까닭이 여기에 있다고 혜시는 생각하였다.

"세상을 그르치는 말은 어떤 말이라고 생각하는가?"

하고 장자가 물었다.

"옛사람의 말이나 자기보다 훌륭하고 권위 있는 사람의 말을 끌어다 자기 말을 믿게 하려고 위장하는 것이 아니겠는가? 모두들 그 말을 믿고 따르게 되니까 말이네."

"이를 테면 중언(重言)에 해당하는 말이라 해야겠군."

"그러나 공손룡은 자기 말을 믿게 하거나 어떤 사실을 속이려고 하는 말이 아니었네. 누가 그 이상한 말을 믿겠는가?"

"그러면 맹랑지언과 같은 말일 수도 있겠군."

"맹랑지언과 같다고는 할 수 없네. 그것을 궤변이라고 하는 사람은 없지 않은가?"

"그렇군. 누구를 믿게 하거나 어떤 사실을 속이려는 말이 아니고, 또 그 말에 속아 넘어갈 사람이 없는 것이라는 점에서는 같다고 할 수 있으나 하나는 근거 없는 맹랑한 말을 하는 것이고, 하나는 철저하게 사실을 바탕으로 하고 있다는 점이 다르겠군."

"또한 맹랑지언은 생각이 갇힌 틀에서 빠져나오게 하는 것이라면, 궤변은 생각의 갈래가 몇 가닥으로 꿰어지는가를 찾아가는 것이 다른 점이라고도 할 수 있네."

"생각의 갈래를 꿰어간다는 것은 무슨 뜻인가?"

하고 장자가 물었다.

"흐트러진 실뭉치에서 한 올 한 올 실 가닥을 뽑아내는 것이라고 할 수 있지 않겠는가?"

혜시의 대답이었다.

맹랑지언과 궤변

"그렇군. 그런 것이 현실에서 하나는 맹랑지언이 되고 하나는 궤변이 되는 것이겠군."

그때 산모퉁이를 돌아가 보이지 않던 공손룡이 이쪽으로 되짚어 걸어오고 있었다.

"공손룡이 다시 돌아오고 있군."

장자가 하는 말이었다.

"공손룡, 아까는 소리쳐 불러도 돌아보지 않고 가더니 어찌된 일인가?"

공손룡은 환단(桓團)과 친구로 혜시보다는 나이가 많았으므로 정중하게 대하였다.

"자네를 만나면 말꼬리 물고 늘어질 것이 아닌가? 성가신 것 같아 일부러 피하였네."

공손룡은 웃으면서 이렇게 말하였다.

"그럼 지금 다시 되짚어 돌아온 것은 그새 무슨 심경의 변화가 있었던 것인가?"

이번에는 장자가 이렇게 물었다. 그러자 공손룡은 다음과 같이 말하였다.

"산모롱이 돌아 한 계곡에 이르렀을 때 거기에 끽구(喫詬)가 있지 않겠나, 혀를 그만 놀리라고 황제에게 꾸중을 듣고 있는 중이더군. 나도 황제를 만나면 같은 일을 당할까봐 서둘러 돌아왔네."

말

__홍몽의 노래

그때였다. 이상한 노래 소리가 멀리서 들려왔다. 바라보니 초원에서 홍몽(鴻蒙)이 엉덩짝을 두들기며 놀고 있었다.

"그런 일도 있군! 그런 일도 있군!
공손룡이 사람을 피하다니
공손룡이 사람을 피하다니."

홍몽은 이렇게 노래를 하고는 볼기짝을 드러내놓은 채 팔딱팔딱 뛰면서 굴러가듯 멀리 사라졌다. 원풍(苑風)이 그 뒤를 따르고 야마(野馬)가 또 그 뒤를 따르고 있었다. 홍몽과 야마와 원풍은 순망(諄芒)과 함께 모두 초원의 친구들이었다.

구루자의 노래

장자의 꿈

나비 꿈을 꾸고 난 장자는 창밖의 하늘을 바라보면서 넋 나간 사람처럼 앉아 있었다. 그때 혜시가 찾아왔다. 그러나 그가 오는 줄도 모르고 장자는 그대로 앉아 있었다.

"남곽자기(南郭子綦)의 흉내를 내고 있는 것인가? 지금 자네의 모습은 무엇인가? 몸은 마른 나뭇가지 같고 마음은 죽은 재 같지 않은가?"

그때서야 장자는 혜시가 온 것을 알고 돌아앉으며 말하였다.

"그렇게 보았는가? 이상하군. 나는 지금 마음이 혼란스러워서 잠시 정신을 잃고 있었네."

"무엇이 자네를 그렇게 혼란스럽게 했단 말인가?"

혜시가 묻자 장자는 말을 하지 않았다. 혜시가 다시 물었다.

"무슨 일이 있었는가? 지금 자네는 옛날의 자네가 아니로군."

그때에야 비로소 장자는 입을 열었다.

"꿈을 꾸었네."

그러나 아직도 장자는 평상시의 표정이 아니었다.

"무슨 꿈인데 그토록 혼란스럽단 말인가?"

"꿈과 현실은 구분할 수 있는 것인가?"

장자는 이렇게 물었다. 혜시는 그 말이 좀 의외라는 생각을 하면서 말하였다.

"꿈은 잠을 자는 동안 잠시 마음이 몸을 이탈해 노니는 것이 아니겠는가?"

"그럼 현실은 무엇인가?"

"그야. 자네와 내가 이야기하고 있는 지금이 현실이지."

그러나 장자는 한참이나 있다가 또 이렇게 말하였다.

"꿈은 현실이 아니군."

"물론 아니지. 현실은 꿈이 아니지."

장자가 다시 말하였다.

"나는 조금 전에 꿈을 꾸었네. 한 마리 호랑나비가 되어 마음 껏 산천을 날아다니다가 깨어났네. 깨어나서 보니 호랑나비가 아니고 장주였네."

"길몽인 것 같군."

하고 혜시가 말하였다.

"길몽이라구?"

"하늘을 날 수 있다는 것은 좋은 일 아닌가?"

그러나 장자가 말하였다.

"호랑나비가 날고 있었던 것이요, 장주가 날고 있는 것이 아니었네."

"꿈속의 호랑나비가 바로 장주가 아니겠는가?"

"그러나 지금 호랑나비가 꿈을 꾸고 있는 것이라면, 현실은 달라질 수 있지 않겠는가?"

"아마 지금 우리가 앉아 있는 것이 꿈이라 할 수도 있겠지. 그러나 그것은 한낱 생각일 뿐이네."

"생각은 사실이 아닌가?"

"물론 지금 자네가 생각한다는 것 자체는 사실일 수가 있지. 무엇을 생각하느냐가 문제가 아니겠는가."

장자는 한참이나 생각하고 있다가 이렇게 말하였다.

"꿈은 그 무엇이라는 것에 해당하는 것인가?"

"나는 그렇다고 생각하네."

혜시의 말이었다.

"그럼 꿈은 내가 생각하는 것과는 별개로 있을 수도 있겠군."

혜시는 잠시 입을 다물고 말을 하지 않았다. 아무래도 대화가 좀 엉뚱한 곳으로 흘러가고 있다는 생각이 들었기 때문이다.

장자가 다시 말하였다.

"호랑나비가 나오는 전혀 상관없는 것일 수도 있겠군."

"그렇지는 않네. 자네가 꿈을 꾼 것이니까."

하고 혜시가 말하였다.

__호랑나비와 장주

"그러나 호랑나비와 장주는 분명히 다른 것이 아니겠는가?"

"물론 호랑나비와 장주는 다르지. 그러나 하나는 꿈속의 일이고, 하나는 현실의 일일세."

"그렇군. 그러니까 다르군. 이제야 혼란스럽던 안개가 조금 벗겨지는 것 같군."

"무슨 말을 하고 있는 것인가?"

"장주와 호랑나비는 분명히 다르다는 것을 말이네."

그러나 혜시는 장자의 말을 이해할 수 없어 이렇게 물었다.

"그것이 왜 자네를 혼란스럽게 했다는 것인가?"

"나는 그것을 모르고 있었거든."

"모르고 있었다니 무엇을 말인가?"

"호랑나비와 장주를 혼동하고 있었다는 말이네. 그래서 나는 그것을 장주 또는 호랑나비 그 어느 하나로 통일시키려고 하고 있었네."

혜시는 무슨 말을 하려다가 그때 갑자기 장자가 일어나고 있었으므로 더는 말을 하지 않았다. 장자는 마당으로 나왔다. 혜시도 따라 나왔다. 쓰러져가는 울타리 사이로 들꽃 하나가 삐죽 나와 피어 있었다. 그곳에 앉아 있던 호랑나비가 마당 한복판을 지나 하늘을 날고 있었다.

"자네가 저렇게 날았겠군."

혜시가 이렇게 말하였다. 장자는 말없이 혜시의 얼굴을 쳐다보았다.

"아니. 꿈에서 말이네."

하고 혜시는 얼른 말을 고쳤다.

장자의 아내

혜시가 돌아간 후 장자는 아내에게 말하였다.

"당신도 자다가 꿈을 꾸는가?"

아내는 들은 척도 않고 하던 일만 계속하고 있었다.

"꿈을 꾸냐고 묻고 있지 않는가?"

하고 장자는 다시 물었다.

"살아가는 인생이 다 꿈이라면서 무슨 꿈 타령인지 모르겠군."

아내는 돌아보지도 않고 시큰둥하게 말하였다.

"그렇군. 이 인생은 누가 꾸는 꿈인가?"

장자는 혼잣말처럼 말하였다.

"그거야 게으름 피우고 있는 어느 부자놈의 꿈이겠지. 그건 알아 뭘 한담.”

꿈은 반대라는 뜻이었다. 아내는 죽을 끓이려고 피 한줌을 들고 장난처럼 맷돌을 돌리고 있었다. 장자는 아내의 모습을 바라보면서 말이 없었다.

__천뢰악

이튿날 혜시는 다시 장자를 만났다.

“어제는 자네가 정말 남곽자기처럼 보였네. 그런데 혼란스러웠다고 자네는 말하지 않았는가?”

“그랬지.”

하고 장자가 말하였다.

“이상한 일이군.”

“무엇이 말인가?”

“혼란스러워도 몸과 마음이 그리 될 수가 있는가?”

“몸은 마른 나뭇가지 같고 마음은 죽은 재처럼 보였다는 것을 말하는 것인가?”

“그렇다네. 자네가 비록 꿈을 꾸고 잠시 혼란스러워 넋을 잃고 있었다고는 하나 남곽자기가 짝을 잃고 있었던 것과 무엇이 다르겠는가?”

“잠시 상아(喪我)에 이른 것 같다고 할 수도 있겠지. 그러나 한 번 눈을 감아보고 어찌 장님의 세계를 알 수 있다고 하겠는가?”

"그럼 남곽자기가 짝을 잃고 있었던 것은 무엇이라고 생각하는가?"

"그는 자유(子游)에게 천뢰악(天籟樂)을 이야기했다고 들었네."

장자는 이렇게 말을 하면서 천뢰악을 생각하고 있었다.

"어제 말을 하려다가 그만두었네만, 어느 하나로 통일시키려는 혼란 속에 빠져들었다가 그 안개로부터 벗어났다고 한 것은 무슨 뜻이었는가?"

"호랑나비는 장주일 수가 없고, 장주는 호랑나비일 수 없다는 것이었네."

혜시는 다시 물었다.

"남곽자기가 말했다는 천뢰악은 무엇인가?"

장자는 또 이렇게 말하였다.

"소문(昭文)과 사광(師曠)이 어떤 혼란을 겪었는지는 알 수가 없네."

"그들은 소리를 하나로 통일시키려는 혼란에 빠져 있었는가?"

"나는 음악을 잘 모르네. 한 사람은 지음을 했고 한 사람은 득음을 했다는 것만 알고 있네."

"자네는 꿈과 현실을 하나로 묶으려 했단 말인가?"

"자네가 돌아간 다음 나는 아내에게 꿈을 꾸냐고 물었네."

"그랬더니 무어라고 하던가?"

"무슨 꿈타령인가 하더군. 그리고 누구의 꿈인가를 알아 무엇하느냐고 하더군."

그러나 혜시는 더 묻지 않았다.

__구루자

혜시는 장자와 헤어져 돌아오는 길에 자유를 만났다. 그는 남곽자기의 제자였다.

"그대는 천뢰악을 들어본 적이 있는가?"

하고 혜시가 물었다.

"나는 아직 그것을 들을 만큼 귀가 열리지 않았네."

"그대의 스승이 가르쳐주지 않았단 말인가?"

자유는 한참이나 있다가 말하였다.

"그것은 가르쳐서 아는 게 아니라고 하였네."

"그러면 그것을 들을 수 있는 사람은 없는가?"

"선생님은 이따금 구루자(痀僂子)를 말씀하셨네."

"구루자라면 언젠가 산모퉁이에서 공구가 만났던 그 꼽추가 아닌가?"

"그렇다네. 땅에서 흙덩이를 집어 올리듯 매미를 잡고 있다고 하였네. 팔을 뻗으면 바로 마른 나뭇가지 같이 되고 마음은 죽은 재같이 싸늘하여 매미가 그를 사람으로 보지 않았다고 하더군."

"매미 잡는 일과 무슨 연관이 있단 말인가?"

"그것은 알 수가 없네. 구루자를 만나면 알 수 있겠지."

자유는 이렇게 말하고는 그냥 지나가버렸다. 구루자를 만나러 가는 길이라고 하였다.

인뢰와 천뢰

며칠 후 혜시는 장자와 다시 만났다. 해질 무렵이었다. 두 사람은 강가를 거닐었다. 언젠가 논쟁을 벌였던 그 강이었다. 그때처럼 고기는 물위를 뛰어오르고 있었다. 강 건너 언덕에는 말한 마리가 한가롭게 풀을 뜯고 있었다.

혜시가 말하였다.

"지난여름에는 이곳이 물바다였지."

하백(河伯)이 풍이(馮夷)와 함께 노닐 만큼 큰 홍수가 났던 일을 두고 하는 말이었다.

"그랬지. 범람했었지."

장자가 하는 말이었다. 그도 그때의 일을 생각하고 있었다. 사람들의 말처럼 하백이 정말 물위까지 모습을 드러냈는지는 알 수 없는 일이나 홍수는 끝 간 데 없이 하늘에 맞닿아 있었던 것이다.

"마음도 강물처럼 범람할 수 있다고 생각하는가?"

그때 혜시는 이렇게 물었으나 장자는 말이 없었다. 그는 돌

하나를 강물에 집어던졌다. 혜시도 그를 따라 돌 하나를 집어던졌다. 잔잔하던 강물이 돌 하나에도 적잖이 흔들렸다.

"기쁨과 슬픔, 즐거움과 성냄이 마음의 범람이 아니겠는가?"

장자는 강물의 흔들림을 바라보면서 이렇게 말하였다.

"그 마음의 범람을 소리로 담아낸 것을 인뢰(人籟)라고 하는 것인가?"

혜시가 이렇게 물었다.

"그런 것이 아니겠는가?"

장자가 대답했다.

"천뢰악은 무엇인가?"

"범람이 지나간 이 강물과 같은 것이겠지."

"그러나 강물이 범람할 때가 장관이 아니겠는가? 물이 하늘에까지 닿아 있었네."

"그랬었지. 그러나 지금은 다 잦아들고 잔잔한 강물이 우리를 대하고 있네. 돌 하나에도 흔들릴 만큼 잔잔하지 않은가? 고기들도 다 들어간 것 같군."

"희로애락이 마음의 범람이라면 그 범람한 때를 잡아 올린 소리가 장관이 아니겠는가?"

"장관이지. 그래서 소문이 거문고 줄을 뜯으면 어른아이 모두가 눈물을 흘렸고, 사광이 북채를 잡으면 부녀자들까지 나와 옷을 벗고 춤을 추었다고 하네. 마음의 범람을 잡아낸 사람이라고 하지 않을 수 없네."

"그러나 천뢰악을 듣고 소문은 거문고 줄을 끊고 사광은 북채를 꺾었다고 하지 않는가?"

"공자가 『악경』의 죽간을 분질렀다고 하는 말도 들었네."

그때 꼽추 하나가 매미를 가득 잡은 자루 하나를 들러 메고 저만큼 지나가고 있었다. 구루자였다. 그는 이렇게 노래를 부르고 있었다.

__구루자의 노래

무엇 때문이겠는가? 무엇 때문이겠는가?
소문이 거문고 줄을 끊자 죽었던 소리가 살아나고
사광이 북채를 꺾자 하늘과 땅이 춤을 추었네
대상은 무상(無象)이라 볼 수가 없고
대음은 희성(希聲)이라 들을 수가 없네

혜시가 말하였다.
"전날 자유가 구루자를 만났는지 모르겠군."

장자가 말하였다.

"구루자에게서 마음의 범람을 말할 수는 없겠군. 매미를 불러서 잡는다는 것이 과연 헛말이 아니었군 그래."

무하공이 말하였다.

"구루자는 대상(大象)을 보고 대음(大音)을 듣는 사람이로군."

맹랑선생이 말하였다.

"그렇군. 자유가 그를 만났는지 모르겠군."

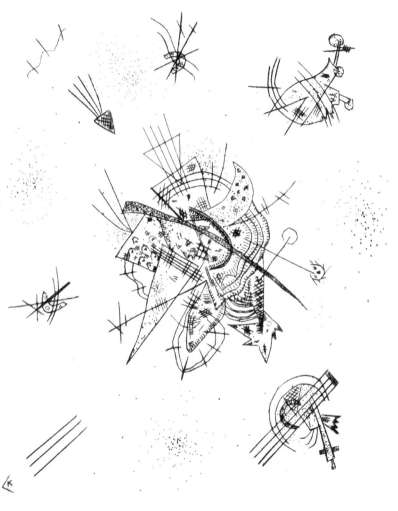

제2부

무하공과 맹랑자의 대화 1

시간과 공간

말의 의미와 사실성

나이

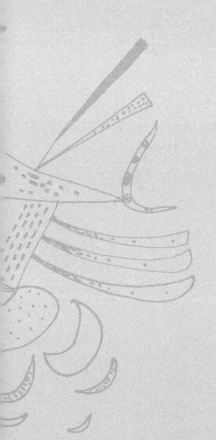

시간과
공간

동일성에 대하여

무하공이 맹랑선생에게 물었다.

"세상에 같은 것이 있으면 큰일난다는 말을 한 적이 있는가?"

맹랑선생이 말했다.

"오래 전 일일세. 강단을 떠나기 전에 학생들에게 동일성을 말한 일이 있네."

"지금도 같은 생각인가?"

"그렇다네. 만물은 다 다르게 있다고 생각하네."

"만물은 존재자를 이르는 이름이 아닌가? 동일한 존재자는 없다는 뜻인가?"

"생각해보게나. 어떻게 동일한 것이 있을 수 있겠는가? 모든 존재는 시공간상에서만 존재할 수 있네. 동일한 시간 동일한 공간에 두 개가 있을 수는 없지."

그러자 무하공이 반론을 제기했다.

"동일한 공간에 두 개가 존재할 수 없지만, 동일 시간에 두 개가 있을 수는 있지 않겠는가?"

맹랑선생이 말했다.

"그렇지 않네. 동일한 공간에 두 개가 존재할 수 없다면, 동일한 시간에 두 개가 있을 수 없네."

무하공이 다시 말했다.

"자네와 나는 지금 동일 시간에 앉아 있는 것이 아닌가?"

"그렇지. 자네와 나는 지금 동일 시간에 앉아 있지. 지금만이 아니라 살아 있는 한 늘 동일 시간에 있다고 말할 수 있네."

맹랑선생이 무하공의 생각을 받아들이는 듯이 말하자 무하공이 다시 물었다.

"그러면 동일 시간은 있다는 것이 아닌가. 시간에는 같은 것이 있을 수 있다는 것인가?"

"공간에도 동일 공간이 있다고 할 수 있지. 나는 지금 어제 앉아 있던 그 자리에 앉아 있네. 같은 자리 즉 같은 공간에 있다고 할 수 있지."

하고 맹랑선생이 말했다.

"그런데 왜 세상에는 같은 것이 있을 수 없다고 했는가? 더구나 같은 것이 있으면 큰일난다고까지 하지 않았는가? 큰일이란 질서를 두고 하는 말이라고 생각하네만."

"그러나 같은 것은 없네."

"무슨 말인가? 같은 것이 없다니. 방금 동일 시간 동일 공간이 있다고 하지 않았는가?"

그러나 맹랑선생은 그 말에는 대답을 하지 않고 있다가 무하공에게 물었다.

"자네는 시간과 공간을 무엇이라고 생각하나?"

그러자 무하공이 말했다.

시간과 공간

"시간은 시곗바늘이 돌아가는 대로 흘러가는 것이고, 공간은 우리가 앉아 있는 곳이 공간이 아니겠는가?"

"자네는 시간을 본 것처럼 말하고 있네 그려. 공간도 만져본 것처럼 이야기하고 있군."

"그것은 또 무슨 말인가? 시간과 공간은 없다는 뜻인가?"

"나는 없다고는 하지 않았네. 없다는 것은 결국 무라는 것이 아니겠는가?"

"무라고 할 수 있겠지."

"나는 시간과 공간을 무라고 하지는 않았네."

그러자 무하공이 말했다.

"그러면 시간과 공간이 없다는 말은 아니로군. 시간과 공간을 어떻게 없다고 할 수 있겠는가?"

맹랑선생이 말했다.

"그러나 시간과 공간이 있다고도 말하지 않았네."

"도대체 지금 자네는 무슨 말을 하고 있는 것인가?"

"글쎄 이 세상에는 같은 것, 즉 동일한 것이 있는가 없는가에 대해서 말하고 있는 것이 아니겠는가? 그렇지 않은가?"

"그렇지. 자네는 같은 것, 동일한 것이란 있을 수 없다고 학생들에게 강의한 일이 있다고 했네. 그리고 그것은 지금도 같은 생각이라고 했네."

"그랬지. 모든 존재하는 것은 다 다르게 있는 것이라고 했네. 그리고 지금도 그 생각에는 변함이 없네. 그런데 자네는 동일한 시간 동일한 공간을 말하면서 같은 것이 없다는 것은 잘못된 것이라고 내게 말하고 있는 것이 아닌가?"

그러자 무하공이 말했다.

"동일한 시간 동일한 공간은 자네도 인정하지 않았는가? 결국 같은 것도 있다는 것을 인정한 것이라고 할 수 있네."

자기의 반론을 맹랑선생이 인정한 것이라는 말이었다.

맹랑선생이 말했다.

"그러나 나는 그 시간과 공간을 무엇이라고 생각하고 있는지 자네에게 물었네. 그리고 자네는 그것을 본 것처럼 말하고 만져 본 것처럼 이야기를 했네. 그러나 자네는 시간은 말할 것도 없고 공간을 이야기한 것도 아니라는 것이네. 자네가 기껏 말한 것은 돌아가는 시곗바늘과 앉아 있는 의자를 말했을 뿐이었네. 시곗바늘은 시간이 아니고 의자는 공간이 아니지 않은가?"

무하공이 말했다.

"그야 물론 시간이 시곗바늘은 아니고 의자가 공간은 아니지. 그렇다고 시간과 공간을 달리 말할 수도 없지 않은가?"

"그런 것에 의탁하지 않고는 말할 수 없는 것이라면, 시간과 공간은 결국 물상 곧 존재자와 관계하지 않고는 말할 수 없는 것이 아니겠는가?"

무하공은 맹랑선생의 말을 인정하면서 이렇게 말했다.

"그렇다네. 그러니까 시간과 공간은 분명히 있는 것이라고 할 수 있네. 없다면 물상에 의탁하거나 관계할 수 없을 테니까 말이네."

맹랑선생이 말했다.

"그러나 있는 것은 물상뿐일세. 시간을 말하나 있는 것은 시곗바늘만이 있고 공간을 말하나 있는 것은 의자가 있을 뿐일세."

"물론 있는 것은 시곗바늘과 의자라고 할 수 있고, 시간과 공간이 함께 있는 것이 아니겠는가?"

그러나 맹랑선생이 다시 말했다.

"그러나 물상을 떠나 따로 시간과 공간이 독립해 있는 것은 아니겠지. 그것은 인정하는가?"

"인정하네. 그러나 시간과 공간은 있는 것이네. 다만 물상과 함께 있을 뿐이지."

"그 함께 있다는 것은 물상을 두고서야만 시간과 공간을 말할 수 있다는 것이 아니겠는가?"

무하공이 말했다.

"그렇다고 할 수 있네. 그래서 시간과 공간은 물상에 관계하거나 의탁해서 말하게 되는 것이라고 했지. 그것은 조금 전에도 말하지 않았는가?"

그러나 맹랑선생이 말했다.

"그렇다면 말이네. 이렇게 생각해보면 어떻겠는가? 시간과 공간은 결국 물상을 설명하는 것이라고 말이네. 물상의 동정 곧 변화를 설명하는 것이 시간이고, 물상의 형상 곧 모양을 설명하는 게 공간이라고."

무하공이 이렇게 말했다.

"그러나 그 반대로 생각할 수도 있지 않겠는가? 시간을 설명하기 위하여 시곗바늘을 말하게 되는 것처럼 공간을 설명하기 위하여 의자를 말하게 되는 것이라고 말일세."

"그렇게 말할 수도 있겠군. 그러나 아무래도 무리가 있는 것이라고 생각하네. 물상은 존재자이지만 시간과 공간은 존재자라고 할 수는 없지 않은가?"

그러나 무하공이 물었다.

"그러면 시간과 공간은 무엇인가?"

그 물음에 맹랑선생은 다음과 같이 말을 했다.

"물상의 형식 즉 존재형식에 의해 존재하는 것이지만, 존재하는 것은 물상이요 형식은 아니라고 생각하네. 형식은 어디까지나 존재자의 존재형식이요 존재자는 아니지."

"그러나 형식 없이 물상이 존재할 수는 없지 않은가?"

하고 무하공이 말했다.

"그렇지. 형식 없이는 존재할 수 없지. 존재한다면 그것은 물상이나 존재자는 아니지."

시·공간과 동일성

무하공이 물었다.

"그런 존재자가 있다고 보는가? 형식 없는 존재자 말일세."

맹랑선생이 말했다.

"무물지상(無物之象)이 그런 존재를 말하는 것이라고 보네. 무상지상(無象之象)이라고도 하지. 그러나 그런 존재는 말할 수도 설명할 수도 없는 것이네. 그러므로 물상도 존재자도 아니라고 할 수 있지. 그것을 도(道)라고도 하지. 또는 실상이라고도 하네만 도 또는 실상은 시공간의 형식을 가지지 않고 있는 존재를 말하네. 그것은 어떤 경우라도 문제 삼을 수 없는 존재지. 그러니까 지금 우리는 그것을 문제 삼고 있는 것이 아니네. 그것은 도대체 문제 삼을 수 없는 것이니까. 그래서 시간과 공간을 말하게 되는 것이라고 생각하네. 존재자와 존재자의 존재형식 말일세. 존재형식을 가지고 존재하는 것을 물상이라고 한다는 것 말이네. 그것을 존재자라고 하지."

무하공이 말을 받았다.

"그리고 그 존재자의 세계에서는 동일한 것이 없다는 것이었네."

"그렇다네. 존재자의 세계에서는 모두 다르게 존재한다는 것이었네."

무하공이 말했다.

"그러나 결국 다시 처음의 문제로 돌아가네만 동일 시간 동일 공간이 있을 수 있다면, 우리는 이미 그것을 인정했네. 그렇다면 동일한 존재자도 있는 것이 아닌가. 시간과 공간의 형식 속에서만 존재할 수 있는 것이 존재자 곧 물상이니까 말이네."

무하공은 동일성에 대한 반론을 다시 제기하고 있었다.

그러자 맹랑선생이 말했다.

"그렇지 않네. 내가 앞에서 동일 시간 동일 공간을 인정한 것은 형식만을 가지고 말한다고 했을 때 그렇다는 것이요, 또 시간과 공간을 분리하여 따로따로 시간과 공간을 문제 삼을 때 그렇다고 하는 것을 인정한 것이었네. 그러나 시간과 공간은 물상을 떠나 형식만으로 있을 수는 없는 것이요, 시간과 공간 또한 분리해 시간 따로 공간 따로 있을 수는 없는 것이고 보면, 시간과 공간은 언제나 함께 있는 것이 아닌가? 그렇다고 본다면 동일 시간 동일 공간은 공허한 것일세. 도대체가 시간과 공간은 물상을 떠나서는 공허한 것이니까. 그래서 형식이라고 하는 것이 아니겠는가?"

"형식만으로는 비록 공허하다 하더라도 물상에서 말하게 되는 것인 만큼 물상에서는 그것이 공허한 것이 아니지 않는가?"

하고 무하공은 자기의 의견을 굽히지 않을 듯이 말했다. 맹랑선생이 다시 말했다.

"그렇지. 공허한 것이 아니지. 그러나 그때는 형식을 말하는 것이 아니요, 물상을 말하는 것일세. 형식은 물상을 떠나 있을 때만 형식이요, 물상에 내려오면 형식이 아닐세. 그러므로 형식은 언제나 공허한 것이네. 자네가 지금 공허한 것이 아니라 하는 것은 형식을 말하는 것이 아니라 물상을 말하고 있는 셈이네."

"그러면 동일 시간 동일 공간이 있다 하더라도 물상에서는 없어진단 말인가?"

존재형식과 물상

"그렇다네. 물상에서는 오직 물상만 있을 뿐, 시간과 공간은 있는 것이 아니라네. 그러므로 동일 시간 동일 공간을 말한다 하더라도 그것으로 동일 물상을 말할 수는 없네."

그러자 무하공이 물었다.

"그러니까 시간과 공간에서는 동일성을 말할 수 있으나 물상에서는 동일성을 말할 수 없다는 뜻인가?"

맹랑선생이 말했다.

"시간과 공간은 물상의 존재형식일세. 형식만으로는 시간과 공간을 분리해 말할 수 있고, 또 동일 시간 동일 공간을 상정할 수 있으나 그것은 공허한 것이라고 앞에서 말을 했네. 그러므로 물상에서는 그렇게 설명할 수가 없네. 시간적 물상, 공간적 물

78

상이라는 말을 하기는 하지만, 그것은 결코 두 개의 물상을 말하는 것일 수는 없네. 시간과 공간이 분리되어 존재하는 것이 아니요, 물상에서는 언제나 함께하고 있는 것이기 때문이지. 시간 형식 속에 존재하는 물상과 공간 형식 속에 존재하는 물상으로 나뉘어 존재할 수 없다는 뜻이네. 시간만으로 존재하는 물상과 공간만으로 존재하는 물상은 없다는 것이네.”

그리고 잠깐 쉬었다가 다시 말했다.

“‘만물은 변한다’라고 하는 역(易)의 변화는 그것을 두고 하는 말이네.”

“그러나 변화하는 물상과 변하지 않는 물상이 있는 것 아닌가?”

하고 무하공이 또 물었다.

“만물은 변한다 하는 것은 시간적 물상을 말하는 것이라는 뜻인가?”

“그렇게 보아야 하지 않겠는가? 변하지 않는 물상과 구별할 수 있지 않겠는가?”

맹랑선생이 말했다.

“그러나 물상은 그렇게 존재할 수 없다는 것을 이미 말하였네. 시간과 공간은 형식상에서는 분리되는 것이지만 물상에서는 분리되는 것이 아니라고 말이네. 그러므로 변한다 하더라도 시공간상에 있는 물상을 말하는 것이요, 변하지 않는다 하더라도 시공간상에 있는 물상을 말하는 것이네. 시간과 공간이 물상의 존재형식인 까닭이 여기에 있네.”

시공간의 분리

무하공이 다시 물었다.

"그러면 변화하는 물상과 변화하지 않는 물상을 어떻게 구별한다는 것인가?"

맹랑선생이 대답했다.

"그것은 시간과 공간을 분리하는 데서만 가능한 것이지. 그 분리하는 과정을 우리는 인식이라고 하는 것이네."

"그러니까 인식상에서는 시간적 물상과 공간적 물상이 있을 수 있다는 것이군."

"그렇다네. 인식상에서만 있을 수 있네. 그러나 만물은 변한다고 할 때의 물상은 그런 인식상의 물상을 말하고 있는 것이 아니라 보네. 즉 시간적 물상이 아니라는 것이네. 역에서 변화로 이야기되는 물상이 그러한 물상일세. '모든 존재자는 시공간 상에 있다'라는 존재자의 존재 정의로서 말하고 있는 것이 역의 물상이기 때문일세."

변역과 불역

무하공이 자기 의견을 말했다.

"그러나 역에서의 물상도 인식될 때에는 시간적 물상과 공간적 물상으로 마주서는 것이 아니겠는가?"

맹랑선생이 말했다.

"그렇다네. 그래서 변역(變易)을 말하고 불역(不易)을 말하게 되는 것이라고 생각하네. 그러나 이것은 그렇게 인식한다는 것이요, 물상이 그렇게 존재한다는 것을 말하고 있는 것은 아니라고 보네. 왜냐하면 모든 존재하는 것은 시공간상에 있다는 것이 역에서 내리는 존재자의 존재 정의이고 보면, 불역은 있을 수 없는 것이라는 뜻일세. 불역은 시간 없는 공간에서만 가능한 개념이 아니겠는가?"

무하공이 다시 자기의 의견을 말했다.

"그러나 시간과 공간을 분리하는 작업이 우리의 인식이라고 한다면, 자네는 분명 그렇게 말을 했네, 그렇게밖에는 마주세울 수 없는 것이 물상이 아닌가?"

맹랑선생이 말했다.

"그렇다네. 그것이 바로 우리가 물상을 대하는 인식의 한계요 결함이라고 할 수 있네. 역의 핵심은 바로 그러한 인식의 한계와 결함을 지적함에 있다고 할 수 있네."

"역 철학의 핵심은 물상에 있는 것이 아니라 인식 문제에 있다는 것이로군."

무하공의 말에 맹랑선생이 말했다.

"그러나 그 인식 문제가 물상에 대한 인식이고 보면, 물상을 문제 삼고 있는 철학이라고도 할 수 있네. 말하자면 직접 마주서는 인식된 물상과 존재 정의에서의 물상을 다루면서 인식 곧 앎의 지평을 열어가는 것이라고 생각할 수 있겠지."

무하공이 물었다.

"그것이 동일성과는 어떻게 되는 것인가? 이 세상에는 같은 것이 있을 수 없다는 것으로부터 우리는 대화를 시작했네."

시공간의 분리와 인식

맹랑선생이 말했다.

"동일성의 기반 위에서는 인식의 지평을 열어갈 수가 없네. 왜냐하면 인식의 한계와 결함이 드러나지 않기 때문일세."

"인식의 한계와 결함이 드러난다고 해서 인식을 뛰어넘을 수는 없는 것이 아닌가?"

무하공의 의견 제시에 맹랑선생은 이렇게 말했다.

"인식을 뛰어넘는다는 것이 아니네. 어떻게 인식을 넘어설 수 있겠는가? 흔히들 직관이니 깨달음이니 하고 인식을 뛰어넘는 것으로 말을 하네만, 사실은 인식을 뛰어넘는 것이 아니라 인식을 새롭게 하는 데 지나지 않네. 나는 그것을 인식의 지평을 열어가는 것이라고 하였네. 인식의 전환이라고 해도 무방할 듯하군."

인식의 전환

무하공이 물었다.

"인식은 물상에서의 시간과 공간의 분리작업이라고 했네. 그러면 인식의 전환이라는 것은 무엇인가?"

맹랑선생이 말했다.

"그것을 재분리작업이라고 할 수 있을지 모르겠네. 그러기 위해서는 다시 물상으로 돌아갈 수밖에 없네. 그 물상이 시공간상에서 말하는 역의 물상이라고 보네. 인식된 물상이 아니라 존재 정의상의 물상이라는 말이네."

"알겠네. 그러니까 동일성은 인식된 물상에서만 문제되는 것이요. 존재 정의상의 물상에서는 말할 수 없는 것이라는 얘기군."

하고 무하공이 말하자 맹랑선생이 보충하듯이 다시 말했다.

"그렇다고 할 수 있네. 그것을 달리 말하면 개념상에서는 동일성이 있으나 실재상에서는 동일성이 없다고 할 수 있지. 동양에서 언어가 항상 문제가 되고 있는 것은 그 때문이라고 생각하네."

무하공이 말했다.

"그렇군. 인식의 문제는 곧 언어의 문제가 되겠군."

개념과 동일성

그러자 맹랑선생이 말했다.

"언어는 동일성, 보편성, 불변성의 기반 위에서만 그 기능을 가질 수 있네. 우리는 그것을 의미라고 하고 개념이라고 하지. 개념은 많은 다른 것 중에서 동일성을 잡아내는 것을 말하는 것이 아닌가? 그러므로 개념은 아무런 개별적 구체성을 드러내지 못하네. 그러한 개념이 바로 인식 내용이 아니겠는가? 그러니까 인식상에서는 동일성이 가능하다는 것이네. 그러나 그것이 사실의 세계는 아니네. 역은 바로 이러한 인식 세계와 사실 세계를 혼동하지 말라는 것이네. 노자, 장자 철학의 핵심은 바로 여기에 있고, 불교도 그것은 마찬가지라고 할 수 있네. 이들 철학에서 시간과 공간이 문제가 되고 언어가 문제가 되고 있는 까닭이 그 때문이라고 생각하네. 그 모든 것이 결국 앎의 지평을 열어가는 데 있는 것이라고 할 수 있지.”

무하공이 말했다.

“요즘 나노공간을 말하는 사람이 있네. 들어본 일이 있는가?”

맹랑선생이 말했다.

“무슨 엉뚱한 소리인가? 나노시간은 왜 말하지 않느냐는 것인가? 불교에서 말하는 찰라가 바로 그 나노시간을 말하는 것이 아니겠는가?”

말의 의미와
사실성

맹랑지언

__ 맹랑한 말

무하공이 맹랑선생에게 말했다.

"한번 날개를 펴면 구만리장천을 오르고 6개월을 하늘에 떠 있다가 내려와 앉는 새가 있다고 하네. 어떤 물고기는 지느러미 하나가 몇 천리나 되고 수만리 물속을 단숨에 옮겨간다고 하네. 사람들이 이 말을 믿겠는가?"

"믿지 않지."

하고 맹랑선생이 말했다.

무하공이 다시 말했다.

"막고야(藐姑射) 산에 살고 있는 사람은 오곡을 먹지 않고 바람을 마시며 이슬을 받아먹고 산다고 하네. 피부는 눈같이 희고 살결은 처녀처럼 곱고 보드랍다고 하지. 하늘에 닿는 큰 홍수도 그를 빠져 죽게 하지 못하고 산을 태우고 바위를 녹이는 불구덩이에 들어가도 그는 뜨거워하지 않는다고 하네. 사람들이 이 말을 믿겠는가?"

맹랑선생이 대답했다.

"믿지 않지."

"그러면 이 말은 모두 거짓말인가?"

"거짓말이라고 할 수는 없지."

무하공이 다시 물었다.

"어떤 말이 거짓말인가?"

맹랑선생이 말했다.

"사실이 아닌 것을 사실인 것처럼 위장하는 말이라고 할 수는 있지. 그 반대일 수도 있고."

"그러기 위하여서는 사실인 것과 사실이 아닌 것을 분명히 알아야겠군."

"알지 않고는 거짓말을 할 수 없겠지."

"그것을 모르는 상태에서 하는 말은 거짓말이 아닌가?"

"거짓말이라고 할 수 없겠지. 그러나 모르는 상태에서는 말을 할 수 없다고 생각하네. 왜냐하면 말이란 어떤 내용을 담고 있어야 하는 것이니까. 그 내용을 우리는 의미라고 하지. 의미 없는 말은 있을 수가 없네."

하고 맹랑선생이 말했다. 그러자 무하공이 말했다.

"알겠네. 말이란 반드시 의미를 가지는 것이어야겠군. 장자도 의미 없는 말은 구음(鷇音)에 지나지 않는다고 했지. 그러니까 모르는 상태에서는 아무 말도 할 수 없겠군."

말의 의미와 사실성

맹랑선생이 말했다.

"그렇다고 생각하네."

"그러면 거짓말이든가 거짓말이 아니든가 둘 중의 하나겠군."

하고 무하공이 말하자 맹랑선생이 다시 말했다.

"거짓말이라고 해서 의미가 없는 것은 아니지. 말은 그 의미로 문제 삼는다고 할 수 있지."

"문제란 그 의미가 사실성을 가지느냐 아니냐 하는 것이겠군."

"그런 구별을 가진다고 할 수 있네."

"사실성을 담고 있으면 믿을 만한 말이고, 그렇지 않으면 믿을 수 없는 말이라고 해도 되겠는가?"

"그렇다고 말할 수도 있겠지."

그러자 무하공이 말했다.

"앞에서 내가 물고기와 새에 대해 한 말은 믿을 수 없는 말이라고 했네. 그리고 자네는 그것을 거짓말이라고 할 수는 없다고 했네."

맹랑선생이 말했다.

"그렇게 말을 했지. 그러나 믿을 수 없는 말, 사실이 아니라는 것만을 가지고 거짓말이라고 할 수 없다는 뜻이었네. 믿을 수 없는 말을 누구나 믿을 수 없는 말로 듣고 사실이 아닌 말을 누구나 사실이 아닌 말로 안다면, 믿을 수 없는 말 사실 아닌 말을 한다고 해서 그것이 거짓말이라고 할 수는 없지. 그때는 그저 믿을 수 없는 말 사실이 아닌 말일 따름이지. 앞에서 예로 든 말이, 곤(鯤)과 붕(鵬)에 대한 이야기가 그런 말이 아니겠는가?"

무하공이 말했다.

"그러니까 거짓말은 사실과 사실 아닌 것과는 상관이 없다는 말이군."

그러자 맹랑선생이 말했다.

"상관이 없다고는 하지 않았네. 그러나 사실을 사실이 아닌 것처럼 꾸며서 말하거나 사실이 아닌 것을 사실인 것처럼 말할 경우가 있네. 사실을 사실로서 말하고 사실이 아닌 것을 사실이 아닌 것으로 말한다면 그것을 어찌 거짓말을 한다고 할 수 있겠는가? 남을 속이려고 하는 말일 때만 거짓말은 문제가 된다고 할 수 있네."

무하공이 말했다.

"그러나 사실을 말하는데도 믿지 않는다든가 사실 아닌 것을 말하는데도 믿는 사람이 있을 수 있지 않은가? 그때는 어떻게 되는가? 속이려고 하는 말이 아닌데도 실제로는 속아 넘어가는 경우가 있지 않겠는가?"

그러자 맹랑선생이 말했다.

"그것은 거짓말과는 조금 다른 무엇이라고 할 수 있네. 그리고 그것을 속아 넘어간 것이라고는 할 수 없네."

"속이려는 마음을 가지고 말을 하는데도 속지 않는 경우도 있지 않겠는가?"

"그렇지. 속아 넘어가는 경우도 있고 속지 않는 경우도 있지. 어린아이에게 하는 거짓말, 어머니가 아이를 달래느라고 흔히 그런 거짓말을 하고 있네만, 그런 거짓말에 아이는 속지만 어른은 속아 넘어가지 않지. 그러나 말일세, 누구나 다 속아 넘어가거나 다 속아 넘어가지 않거나 하는 거짓말은 있을 수가 없네. 만약 그런 경우가 있다면 비록 속이려는 마음을 가지고 하는 말이라 하더라도 그것을 거짓말이라고 할 수는 없네. 그것을 판명할 방법은 없을 테니까 말이네. 그러니까 그런 완벽한 거짓말은 있을 수가 없네. 있다면 그것은 거짓말이 아니라 진리를 말한 것이라고 해도 무방하겠지."

하고 맹랑선생은 다소 장황하게 말을 했다.

무하공이 말했다.

"내가 처음 앞에서 말한 것은 장자가 한 말이네. 그 말에 속아 넘어갈 사람은 아무도 없네. 그리고 그것을 거짓말이 아니라고

자네는 말하고 있네. 그러면 장자는 진리를 말한 것이라고 할
수 있겠나?"

__ 말과 진리

맹랑선생이 말했다.

"글쎄, 그렇다고 단정해 말할 자신은 없네. 그러나 장자가 거
짓말을 한 것이 아니라고는 말할 수 있을 것 같네. 왜냐하면 그
의 말을 믿지 않으면서도 오랜 세월 모두들 소중하게 여기고 있
지 않은가? 그 점을 어떻게 생각해야 할지 잘 모르겠네."

"공자의 말은 어떤가? 그의 말은 장자의 말과는 너무도 다르
지 않은가? 진리를 말하고 있는 것이라고 할 수 있겠는가?"

"물론 다르지만 그러나 진리를 말하고 있는지는 알 수가 없
네."

"그러면 진리를 담고 있는 말이 또 있다는 것인가?"

맹랑선생이 말했다.

"그런 뜻으로 하는 말은 아니었네. 나는 무엇을 진리라고 하
는지 알지 못하고 있으므로 말을 할 수가 없다는 뜻으로 한 것
이었네."

무하공이 말했다.

"조금 전에 자네는 완벽한 거짓말이 있다면 그것은 거짓말이
아니라 진리를 말한 것이라 해도 무방하다고 하지 않았는가?

그때 진리라고 한 말은 무엇인가? 진리가 무엇인지도 모르면서 진리라고 말을 했단 말인가?"

"결국 그런 셈이군. 달리 대답할 말이 없군 그래."

"그러니까 아까 모르는 상태에서는 아무것도 말을 할 수 없다고 하지 않았는가?"

그러자 맹랑선생은 다음과 같이 말을 했다.

"그렇게 말을 하니 궁색한 대답이라도 하지 않을 수 없겠군. 자네가 그냥 넘어갈 것 같지 않으니까 말일세. 사실 모르는 상태에서는 아무 말도 할 수 없다는 것에 대해서는 앞에서 자네도 나와 함께 인정을 하고 있었다고 보네. 그러나 지금 내가 진리를 모르면서 진리를 말했다고 해서 그 말을 뒤집는다고는 생각지 않네. 왜냐하면 말이란 의미를 가질 때만 성립하는 것이라고 한다면, 아까 우리는 그런 이야기를 하였네. 그렇다면 내가 진리를 모르면서 진리를 말한 것이 말을 한 것이냐 아니면 말을 한 것이 아니냐에 문제가 있어야 할 것 같군. 그렇지 않은가? 그런데 지금 자네는 내 말을 말이 아니라고 문제를 삼고 있는 것은 아니지 않은가? 그것은 곧 나는 말을 한 것이라는 것이겠지 그렇지 않은가?"

"물론이지. 자네가 한 말을 말이 아니라고는 할 수 없네. 분명 나름대로의 의미를 가지고 있으니까."

하고 무하공은 대답했다.

그러자 맹랑선생은 다시 말을 시작했다.

"그러면 이제 대답을 할 수 있을 것 같군. 진리가 무엇인지 모르면서 진리를 말하고 있다는 것은 모르는 상태에서 말한 것이라기보다 '진리는 모른다'라는 것을 알고 말한 것이라고 해야 한다는 것이네. 그러니까 앞에서 '완벽한 거짓말은 진리를 말하고 있는 것이라고 해도 무방하다'고 한 말은 '진리가 무엇인지를 모른다'는 것을 안 상태에서가 아니고서는 말을 할 수가 없으리라는 것이지."

"그러면 진리가 무엇인지를 모르는 것이라면, 진리 자체에 대해서는 말할 수 없는 것인가?"

"자네는 같은 말을 또 되묻고 있는 셈이군."

"진리에 대해서 말을 하고 있는 사람들이 있으니까 하는 말이네."

"그런 사람들이 있다면 진리를 알고 있는 사람이라고 해야겠지."

무하공이 말했다.

"자네는 진리를 모르고 있으나 다른 사람은 진리를 알 수도 있는 것이라는 뜻인가? 다시 말해서 진리는 사람에 따라 알 수도 있고 모를 수도 있는 것인가 하는 것이네."

맹랑선생이 말했다.

"그렇다고 해야 하지 않겠는가? 그러나 그들이 말하는 진리가 진리인지는 나는 알 수가 없네. 나는 진리를 말할 수 없으니까 말이네. 나는 진리는 알 수 없는 것이라고 생각하고 있네."

"그러니까 자네 말대로라면 진리를 말하고 있는 사람은 진리를 알고 있는 사람이 아니라 모르는 것을 아는 것으로 생각하고 말하는 경우라고 할 수 있겠군."

"내 경우라면 그렇다고 말할 수 있네."

무하공이 말했다.

"그러나 저들이 거짓말을 한다고 할 수는 없겠군. 모르는 것을 아는 것처럼 꾸며서 말하는 것이 아니라 아는 것으로 생각하고 진리를 말하고 있으니까."

"그렇지. 그들이 말하는 진리가 진리는 아니라 하더라도 거짓말을 하고 있다고는 할 수 없겠지."

하고 맹랑선생이 말했다.

무하공이 다시 말했다.

"그러니까 공자가 거짓말을 하고 있는 것이 아닌 것만은 확실하다고 할 수 있겠군. 그러나 그가 진리 즉 도를 말하고 있다고 하더라도 도를 안 사람이라고 하기는 어렵겠군. 도는 알 수도 말할 수도 없는 것이니까 말일세."

"그러나 그는 알 수 없는 도를 말한 것이라기보다 알 수 있는 도를 말한 것이라고 해야겠지."

그러자 무하공이 말했다.

"그 말은 도에는 알 수 있는 도와 알 수 없는 도 두 가지가 있을 수 있다는 뜻인가?"

"그렇다고 어찌 그럴 수야 있겠는가? 도가 두 가지로 있을 수는 없겠지. 중요한 것은 모두 거짓말을 하고 있는 것은 아니라는 점일세. 그저 사실 아닌 것을 말하는 것과 사실을 말하는 것만 있을 수 있다고 해야겠지."

하고 맹랑선생은 말했다.

__ 쓸모 있는 말과 쓸모없는 말

무하공이 물었다.

"그것을 쓸모없는 말과 쓸모 있는 말이라고 해도 되겠는가?"

"그러나 쓸모없는 말은 세상을 그르치는 일이 없으나 쓸모 있는 말은 세상을 그르치지 않기가 힘들지."

무하공이 물었다.

"공자의 말은 쓸모 있는 말인가 쓸모없는 말인가?"

"그의 말이 비록 진리를 담고 있는지는 알 수 없다 하더라도 쓸모 있는 말이라는 것을 인정하지 않을 사람은 없겠지."

하고 맹랑선생은 말했다.

"그러면 공자의 말은 세상을 그르치지 않는 쪽보다 그르치는 경우가 더 많겠군."

"세상을 그르치지 않는 말을 맹랑지언이라고 하네. 공자의 말은 맹랑지언은 아닐세."

무하공이 말했다.

"사람들이 자네를 맹랑선생이라고 하는 것은 비난하는 말이

100

아니겠군.”

　“비난하는 것은 아닐지 모르나 쓸모없는 사람을 그리 부른다고 하니까 칭찬하는 말은 아니겠지.”

　하고 맹랑선생은 대답했다.

　무하공이 말했다.

　“산목(散木)에 도끼질을 하는 사람은 없다고 하지 않았는가? 누가 자네를 해치려 하지는 않겠군.”

　맹랑선생이 말했다.

　“그림자는 밟아도 밟은 자국이 없고 지나가도 지나간 흔적을 남기는 일이 없으니까 자네만이야 하겠는가?”

　무하공이 맹랑선생을 바라보며 말이 없었다.

말의 영혼

__ 말의 덫

무하공이 말했다.

"모기가 태산을 등에 지고 창해를 건넜다면 그대는 그 말을 믿겠는가?"

"믿어야겠지."

하고 맹랑선생은 대답했다.

"어떻게 그것을 믿는단 말인가?"

"방금 자네가 그 말을 하지 않았는가?"

"말을 했지."

"그리고 나는 그 말을 알아들었다고 생각하지 않나?"

"알아들었겠지."

"그 말을 믿지 않으면 내가 어떻게 알아들을 수 있었겠나?"

그러자 무하공이 물었다.

"그러면 그 사실을 믿는단 말인가?"

말과 사실

"나는 그 말을 믿는다고 했지 사실을 믿는다고는 하지 않았네."

하고 맹랑선생이 말했다.

무하공이 다시 물었다.

"말을 믿는다는 것은 그 사실을 믿는다는 것이 아닌가?"

그러자 맹랑선생이 말했다.

"내가 묻겠는데 모기가 태산을 지고 바다를 건너간 사실이 있는가?"

"없지. 어떻게 그러한 사실이 있을 수 있겠는가?"

하고 무하공이 대답했다.

"그러나 그 말은 있지 않은가?"

"사실은 없더라도 말만 있으면 그 말은 믿을 수 있다는 것인가?"

"말이 있는데 어떻게 있는 말을 믿지 않을 수 있겠는가?"

무하공이 물었다.

"말은 다 믿을 수 있는 것인가?"

"믿을 수 있다고 나는 생각하네."

하고 맹랑선생이 대답했다.

무하공이 다시 물었다.

"거짓말도 믿을 수 있다는 뜻인가?"

그러자 맹랑선생은 되물었다.

"무엇이 거짓말인가?"

"사실은 없고 말로만 있는 것 말이네."

"말에는 사실이 있을 수 없다고 생각하네."

"그러면 무엇이 있는 것인가?"

"의미만이 있을 뿐이지."

그러자 무하공이 말했다.

"의미가 바로 사실이 아니겠는가?"

"자네는 그렇게 생각하나? 그렇다면 말은 다 사실이어야 하네."

하고 맹랑선생은 말했다.

"그렇지. 사실이 아니면 거짓말이 아니겠는가?"

"자네는 의미 없는 말도 있을 수 있다고 생각하나?"

"의미 없는 말은 있을 수 없지."

그러자 맹랑선생은 다시 말했다.

"그러면 사실 아닌 말도 있을 수 없겠군. 그렇지 않은가?"

"그럴 수도 있겠군."

하고 무하공이 말을 받았다.

"그렇다면 거짓말도 있을 수 없겠지."

"그러니까 의미가 사실일 수는 없다는 이야기로군."

맹랑선생이 말했다.

"그렇다네. 말은 의미만을 가지고 있을 뿐, 사실을 가지고 있는 것이 아니네. 모기가 태산을 지고 바다를 건넜다는 것은 분명 말이므로 의미를 가지고 있지. 그러나 그 말은 의미만을 가지고 있을 뿐, 사실을 가지고 있지 않네. 그렇지 않은가? 모든 말이 다 그렇다고 나는 생각하네."

무하공이 말했다.

"그러나 모기가 태산을 지고 바다를 건넜다는 말에는 사실이 없다고 하겠으나 사람이 배를 타고 바다를 건넜다면 그 말에는 사실이 있다고 해야 하지 않겠는가? 모든 말이 다 그렇다고 할 수는 없지."

맹랑선생이 말했다.

"말에는 의미만 있을 뿐 사실은 있을 수 없다고 말을 했네. 그것을 동의할 수 없다는 것이군."

"동의할 수 없네. 의미만 가지고 있는 말도 있고 사실을 가지고 있는 말도 있다고 보네. 그렇지 않으면 거짓말과 거짓말 아닌 것을 구별할 수 없을 것이 아닌가?"

하고 무하공이 말했다.

맹랑선생이 말했다.

"사람이 배를 타고 바다를 건넜다는 말에는 사실이 있다고 했는가?"

"분명 그런 말을 했네."

하고 무하공은 대답했다.

"그러면 이런 경우를 한번 생각해보기로 하지. 가령 '불은 뜨겁다'라는 말을 한다면, 그 말에도 사실이 있겠군."

"물론이네. 사실이 있지. 그렇지 않으면 불은 뜨겁지 않을 테니까."

"그러면 '불'이라는 말에도 불이라는 사실이 있겠군.

"그렇지 사실이 아니면 불이 아니겠지."

"그러면 불은 뜨겁겠군."

"뜨겁지."

"그러면 손가락을 입에 대고 불이라는 말을 해도 뜨겁겠군."

그러자 무하공은 이렇게 말했다.

"그거야 말인데 어떻게 뜨겁겠는가?"

맹랑선생이 말했다.

"방금 '불'이라는 말에는 뜨겁다는 사실이 있다고 하지 않았는가?"

무하공이 말했다.

"불이라는 말이 뜨거운 것이 아니라 불이라는 사실이 뜨겁다는 뜻이었네."

"그러면 무엇이 뜨거운가?"

106

"사실의 불이 뜨겁지."

"그러면 이제 내 말이 조금 분명해질 것 같군. 말은 의미만을 가지고 있을 뿐 사실은 가지고 있지 않다는 것에 대해서 말이네. 자네는 조금 전에 이 말을 동의할 수 없다고 했네. 지금도 마찬가지로 동의할 수 없는가?"

"그러나 말이 의미만을 가지고 있고 사실은 가지고 있지 않다면, 말은 모두 사실과는 무관한 것인가를 묻고 싶네."

"아직도 내 말에는 동의할 수 없다는 뜻인가?"

"동의할 수 없다는 것이 아닐세. 의미가 사실일 수 없는 것이고 보면, 말이 사실을 가지고 있지 않다는 것은 분명해졌다고 볼 수 있네. 다만 말이 가지는 의미가 사실과는 무관한 점인가 하는 점일세."

맹랑선생이 물었다.

"자네는 어떻게 생각하나?"

"나는 사실과 무관하다고는 생각지 않네."

"의미는 무엇이라고 생각하나?"

무하공이 말했다.

"처음에는 의미가 곧 사실일 수 있다고 생각했으나 지금은 달라졌네. 의미는 사실에 대한 표현이라는 생각이 드네. 그러므로 사실과 무관하게 의미가 존재한다고는 볼 수 없네."

맹랑선생이 물었다.

"모기가 태산을 짊어지고 창해를 건넜다는 것은 사실인가?"

"그것은 사실일 수가 없지."

하고 무하공은 말했다.

"그러면 사실에 대한 표현이 아니고도 의미를 가질 수 있는 것이로군."

"그러나 그러한 의미는 참다운 의미가 아닐세. 말이 참다운 의미를 가지지 못할 때 우리는 그것을 거짓말이라고 하는 것이 아닌가?"

맹랑선생이 말했다.

"그렇다고 말할 수도 있겠지. 그러나 나는 지금 말의 의미를 말하고 있는 것이지 그 의미가 참다운 것인지 아닌지를 이야기하고 있는 것이 아니네."

"나도 물론 말의 의미를 이야기하고 있네. 그러나 그것이 참다운 의미가 아닐 때 그것은 의미일 수가 없다는 것이지."

"의미일 수 없다면 의미가 없다는 말 아닌가? 의미 없는 말도 있을 수 있다는 것인가?"

"그래서 거짓말이라는 것이 있는 것이겠지."

"거짓말은 의미 없는 말인가?"

무하공이 말했다.

"거짓말도 말인 이상 의미가 없다고 할 수 없지. 그러나 거듭 말하지만 거짓말의 의미는 참다운 의미가 아닌 말이네."

맹랑선생이 말했다.

"참되든가 참되지 않든가 아무튼지 말에는 의미가 있는 것이네. 그것을 부정할 수는 없네. 자네도 그것은 인정하는 것 아닌가?"

"인정해야겠지."

__말의 영혼

맹랑선생이 말했다.

"그 인정해야 하는 의미를 나는 말의 영혼이라고 부르고 싶네. 이 영혼은 의미는 거짓말이든가 거짓말이 아니든가에 관계없이 있어야 하네. 그것이 없다면 말이란 존재할 수 없지. 의미 없는 말은 있을 수 없다는 말이네. 영혼이란 모든 존재하는 것을 존재하게 하는 것이라고 나는 생각하네."

그러자 무하공이 물었다.

"말의 영혼이 의미란 말인가?"

맹랑선생이 대답했다.

"그렇다네. 사람의 영혼과 같은 것이라고 할 수 있지."

"그렇다면 거짓말과 거짓말이 아닌 것은 어떻게 되는 것인가? 사실과 상관없이 말의 영혼에서만 문제가 되는 것인가?"

하고 무하공은 물었다.

"그것은 말의 영혼에서 문제가 되는 것이 아니라 그 영혼의 수용, 즉 의미를 어떻게 받아들이는가에서 문제가 된다고 생각하네. 같은 말이라도 받아들이는 사람에 따라 거짓말일 수도 있고 아닐 수도 있겠지.”

"그렇다면 모기가 태산을 짊어지고 창해를 건넜다는 말도 거짓말이 아닐 수 있다는 것인가?"

__거짓말

그러자 맹랑선생은 말했다.

"자네는 거짓말이라고 단정을 하고 있는 모양이군.”

"그렇다네. 그것은 거짓말이 틀림없네.”

하고 무하공이 말했다.

"그렇다면 자네에게는 거짓말일 수도 있겠군.”

"그것은 누구에게도 해당되는 거짓말이네.”

맹랑선생이 말했다.

"그러나 내게는 그것이 결코 거짓말이 아닐세. 그리고 자네에게도 그 누구에게도 거짓말이 아니라고 생각하네.”

"그것은 또 무슨 말인가?”

"자네가 거짓말이라고 하는 것은 아직도 말에서 사실을 찾고 있기 때문이라고 생각하네. 그러나 아까도 이야기했지만 말에는 사실이 있을 수 없네. 그러므로 어떤 말도 그 자체로서는 거짓말이 될 수 없다는 것이네. 그리고 모기가 태산을 지고 바다를 건넜다는 말에 속아 넘어갈 사람은 아무도 없네. 그러니까 그것은 아무에게도 거짓말일 수 없네.“

"아무도 속아 넘어가지 않는 말이라고 해서 거짓말이 아니랄 수는 없지 않는가?"

"나는 거짓말이 아니라고 생각하네."

"그러면 어떤 말이 거짓말인가?"

맹랑선생이 말했다.

"어떤 말도 그 말 자체는 거짓말일 수는 없다고 말을 했네. 그것은 말에는 사실이 있을 수 없기 때문이라고 했지. 그러나 거짓말과 거짓말이 아닌 것이 있게 되는 것은 아까도 이야기했듯이 의미를 어떻게 받아들이는가에서 생겨난다고 할 수 있지. 그러므로 같은 말이라도 그것은 말로서가 아니라 사실로서 받아들인 사람에게는 거짓말이 되고 그렇지 않은 사람에게는 거짓말이 아닐 수도 있지. 그런데 모기가 태산을 지고 바다를 건넜다는 말을 사실로서 받아들이는 사람은 없지 않은가? 그러므로 그 말은 누구에게도 거짓말일 수는 없지."

"그렇다면 사람이 배를 타고 바다를 건너간다면, 그 말은 거짓말인가 거짓말이 아닌가?"

"그것은 거짓말일 수도 있고 아닐 수도 있지."

"그것이 어떻게 거짓말일 수도 있다는 말인가?"

하고 무하공이 물었다.

"그 말을 말로서 받아들이지 않고 사실로서 받아들인다면 거짓말일 수도 있네. 실지로 사람이 배를 타고 바다를 건너는 것이 사실 아닌가? 그런 사실이 말에는 없기 때문일세. 아까도 말했지만 '불은 뜨겁다'라는 말을 말로서가 아니라 사실로서 받아들인다면, '火' 자를 써놓고 솥을 걸어 물을 끓이려는 일이 생기게 되네. 그래서 '불은 뜨겁지 않다(火不熱)'는 말도 하게 되는 것이 아닌가?"

"그럼 불은 뜨겁다 하는 말은 거짓말일 수도 있으나 불은 뜨겁지 않다 하는 말은 오히려 거짓말이 아닐 수도 있다는 것인가?"

"불은 뜨겁지 않다는 말을 사실로서 받아들이는 사람은 없지. 그러니까 그 말에 속아 넘어가는 사람은 아무도 없네. 그렇지 않다면 불속을 걸어가려는 사람이 있게 되네."

하고 맹랑선생이 말했다.

"그러니까 사실이 아닌 것을 말하는 것은 거짓말이 아니겠군."

"그렇게 생각할 수도 있겠지. 그러나 사실이 아닌 것을 말한 것이라기보다 말은 말로서 있지 사실로서 있는 것이 아니고 보면 거짓말이란 원래 없는 것이라고 해야겠지."

무하공이 물었다.

"그러나 말에 속아 넘어가는 사람이 있다면, 그 말은 거짓말이 아니겠는가?"

맹랑선생이 말했다.

"말이 사실이 아니라는 것을 알면, 속아 넘어가는 일이 없겠지."

"그러나 말은 실제로 사실과 무관하게 사용될 수는 없지 않은가?"

맹랑선생이 말했다.

"그렇지. 그래서 말이 있는 한 오해가 생기고 속아 넘어가는 거짓말이 없을 수 없지. 말은 하면 할수록 오류에 빠져들고 설명하면 할수록 사실에서 멀어진다고 할 수 있네."

"그럼 말을 하지 않으면 되겠군."

"그러나 어떻게 말을 하지 않고 살아갈 수 있겠는가? 인간은 말의 덫에서 벗어날 수가 없네."

그러자 무하공이 말했다.

"인간이 말을 할 수 있게 태어난 것은 불행한 일이군."

"그렇다고 할 수 있지. 하늘이 내린 천형이라 할 수 있네."

무하공이 말했다.

"말의 덫에서 벗어날 수 없다는 뜻인가?"

맹랑선생이 말했다.

"천형을 어떻게 벗어날 수 있겠는가? 그러나 말을 알고 사용한다면, 그 불행을 웬만큼 줄일 수는 있겠지."

나이

살아버린 삶

무하공이 말했다.

"자네의 말을 적어 세상에 내놓았더니 사람들이 거들떠보지도 않았네."

맹랑선생이 말했다.

"그런 일이 있었는가? 공연한 짓을 했군."

"세상에는 아무 쓸모없는 말이더군."

"어떤 말을 사람들에게 들려주었는가?"

"나이에 관한 것이었네."

"나이는 없는 것이라고 했겠군."

그러자 무하공이 말했다.

"하루살이, 쓰르라미, 거북이는 동갑내기라고 자네가 말하지 않았는가?”

“그런 말을 했지.”

하고 맹랑선생은 대답을 했다.

“그러나 사람들은 그 말을 믿지 않았네.”

“자네는 나이가 무엇이라고 생각하나?”

“살아버린 삶이라고 하지 않았는가? 없는 시간을 있다고 생각하는 데서 나이를 말하게 되는 것이라고 할 수 있네.”

“그렇다면 무(無)라고 할 수 있겠군.”

“지나간 시간은 없는 것이니까 무라고 할 수 있겠지.”

그러나 맹랑선생은 이렇게 물었다.

“무에도 많고 적음이 있다고 생각하는가?”

무는 없는 것인데 어떻게 많고 적음을 말할 수 있겠는가.

하고 무하공은 대답했다.

“그러면 무에는 수의 개념이 있을 수 없겠군.”

무와 수 개념

무하공이 말했다.

"있을 수 없겠지. 그래서 나이는 없다고 하는 것이 아니겠는 가? 나이는 수 개념일세. 아무리 많은 수라도 무 앞에서는 다 무 너지는 것이라고 보네. 수학에서 '수×0=0'은 바로 그러한 무를 말하고 있는 것이라고 할 수 있네."

맹랑선생이 말했다.

"아무리 많은 세월을 살았더라도 이미 살아버린 삶은 없는 것이니 결국 나이를 말한다는 것은 무에서 수 개념을 찾는 것이 라고 할 수 있겠군. 그러나 사람들은 이러한 사실을 믿지 않는 다고 했네. 그래서 세상에는 아무 쓸모없는 말이라고 자네는 말 을 했겠지."

무하공이 말했다.

"그렇다네. 아무도 믿지 않는 말이 무슨 쓸모가 있겠는가?"

"그러니까 자네도 믿지 않는다는 것이로군."

"그렇지는 않네. 나이가 살아버린 삶이라는 것을 나는 믿고 있네. 그러나 그것이 세상에는 아무 쓸모없는 말이라는 것이네."

그러자 맹랑선생이 말했다.

"그 말은 아무래도 이상하게 들리는군. 자네가 쓸모없는 말이라고 하는 것은 아무도 믿지 않고 있는 때문이라고 하지 않았는가? 그런데 자네는 지금 또 그것을 믿는다고 하고 있으니 쓸모 있는 말과 쓸모없는 말이라는 기준을 어디에다 두고 하는 것인지를 알 수가 없군."

"믿을 수 있는 말과 믿을 수 없는 말에 있다고 할 수 있지 않겠는가?"

하고 무하공이 말했다.

"그렇다면 자네에게는 쓸모 있는 말이라는 뜻인가?"

"그렇다고 할 수 있네. 나이는 사람에게 있어 큰 의미가 있는 것이 아니라는 생각을 가지게 됐네."

"그렇다면 다행일세. 그러나 믿을 수 있는 말은 다 쓸모 있는 말이고 믿을 수 없는 말은 다 쓸모없는 말인가 하는 점일세. 쓸모 있는 말과 쓸모없는 말의 판정기준은 믿음인가?"

"꼭 그렇지는 않은 것도 같군. 그러면 그 기준을 무엇이라고 해야 하겠는가?"

"우선 이런 경우를 한번 생각해보게나. 가령 누가 '오늘 출발한 사람이 어제 도착했다'고 한다면, 그 말을 믿을 사람이 있겠는가? 아마 믿지 않을 걸세. 누구도 믿을 수 없는 말이지. 이런 말을 장자는 맹랑지언이라고 하였네. 맹랑지언은 쓸모없는 말인가?"

"맹랑지언에 대해서는 이미 우리가 한번 이야기한 일이 있네. 그때도 맹랑지언은 믿을 수 없는 말이지만, 거짓말 하는 것은 아니라고 했지. 그러나 믿을 수 없는 말을 쓸모 있는 말이라고는 하지 않았네. 쓸모없는 말이라고 했지."

"그랬었지. 쓸모없는 말이라고 했지. 그러나 세상을 그르치는 일은 없다고 했네. 그리고 쓸모 있는 말이 오히려 세상을 그르치지 않기가 힘들다고 했었지."

"그러니까 무엇인가 세상을 그르치는 말은 쓸모 있는 말이고 세상을 그르치지 않는 말은 쓸모없는 말이라는 것인가?"

맹랑선생이 말했다.

"우리가 지난번 맹랑지언에 대해 이야기할 때 그렇게 결론을 끌고 간 것이라고 할 수 있지. 그러나 지금은 믿음, 그때는 사실이라고 했네, 믿음이란 사실을 바탕으로 이루어지는 것이니까 믿음이라 해도 무방할 것 같군. 아무튼 쓸모 있는 말과 쓸모없는 말을 사실관계에서 판정할 때와 가치관계로 판정할 때의 경우를 생각해보자는 것일세. 사실문제와 가치문제는 다른 것일테니까 말이네. 가치가 있다고 해서 다 사실일 수는 없고 사실이라고 해서 다 가치가 있는 것은 아니지 않은가? 이제 그 가치 있는 것을 쓸모 있는 말이라고 보고 가치 없는 것을 쓸모없는 것이라고 한다면, 쓸모 있는 말과 쓸모없는 말이 사실을 바탕으로 판정하는 것과는 달라질 수 있지 않겠는가 하는 것이네.”

“어떻게 달라진다는 것인가?”

하고 무하공이 물었다.

영화와 연극

맹랑선생이 말했다.

"이것은 말과는 좀 다른 문제라고 할 수 있겠지만, 뭐 크게 다른 것도 없다고 생각하네. 사람들은 극장에서 영화나 연극을 구경하지. 그 영화와 연극 속에서 일어나는 일들, 사람을 죽이고 전쟁을 하고 사랑을 하고 자살을 하고, 우리는 그 모든 것을 사실이라고 믿고 구경하지는 않네. 그것을 사실이라고 하면 연극이라고 할 수 없지. 물론 구경 가는 일도 없을 것이고. 그렇다고 영화나 연극을 쓸모없는 것이라고 할 수는 없지 않겠는가? 그것은 분명 가치 있는 일이고 쓸모 있는 일이라네. 이를테면 그것은 맹랑지언과는 다르고 거짓말에 해당한다고 볼 수 있네. 거짓말은 가치에 있어서는 쓸모 있는 것일 수도 있다는 것일세."

"그러나 연극은 거짓말과는 다른 것이라고 보네."

하고 무하공이 다른 의견을 제시하자 맹랑선생은 다시 말을 했다.

"물론 다르지. 연극은 믿을 수 없는 사실을 다루고 있는 것이 아니고 믿을 수 있는 사실을 다루고 있네. 그러나 연극은 사실은 아니네. 그리고 사실이 아닌 것을 사실로서 믿게 하려는 저의가 있는 것도 아니네. 물론 사실이 아닌 것을 사실인 것처럼 꾸며 흥미를 끌어내는 것이라고는 할 수 있지. 아무리 사실처럼 꾸민다 하더라도 연극을 사실로 믿지는 않지. 흥미를 자아낸다는 것은 순간적으로 믿게 하는 효과를 가진다고 해서 연극을 사실로 믿고 있는 사람은 없네. 그런 점에서 연극은 거짓말에 해당한다고는 할 수 없고, 그렇다고 맹랑지언에 견주어 말할 수도 없네. 하지만 연극이 사실이 아니라는 점만은 분명하네."

"사실이 아닌 것도 가치가 있다는 것을 말하려는 것이 아닌가?"

"믿지 않으면서도 가치로 여기고 있다는 것이지."

"그 가치가 쓸모 있는 것이라는 말이군."

"쓸모 있는 것은 사실에 있는 것이 아니라 가치에 있다는 것이네. 말에 있어서는 더욱 그렇지. 원래 말이라고 하는 것은 비록 사실을 말한다 하더라도 말이 곧 사실일 수는 없네. 그것은 언어가 사실을 그대로 담을 수 없기 때문이지. 명(名)과 실(實)이 항상 문제가 되는 것은 그 때문이 아니겠는가? 그러나 여기서 우리가 말하려고 하는 것은 명실의 문제가 아니라 쓸모 있는 말과 쓸모없는 말이라는 것이네. 쓸모 있다 없다 하는 것이 가치를 두고 하는 말이 아니겠는가?"

"그렇다고 할 수 있겠군. 가치 있는 말은 쓸모 있는 말이고 가치 없는 말은 쓸모없는 말이라고 할 수 있겠군."

"그러나 믿을 수 있는 말이 가치 있는 말이고 믿을 수 없는 말이 가치 없는 말이라고 할 수 없다는 것이네. 믿을 수 없는 말이 가치가 있을 수도 있고 믿을 수 있는 말이 가치가 없을 수도 있으니까."

무하공이 물었다.

"어떤 경우가 그런 말이라고 할 수 있겠는가?"

맹랑선생이 대답했다.

"욕설이나 비난하는 말이 그런 경우에 해당한다고 할 수 있겠지. 그것은 좋은 말 즉 가치 있는 말이라고는 할 수 없네. 그리고 연극은 믿을 수는 없으나 좋은 말 가치 있는 말에 견주어 말할 수 있지. 그러니까 맹랑지언이 믿을 수 없는 말이기는 하나 쓸모없는 말이 아니라는 것이라네. '백마론(白馬論)'이나 '견백론(堅白論)'이 이런 경우가 아니겠는가? 가치 없는 말이라고는 생각지 않네."

사실과 가치

무하공이 말했다.

"알겠네. 쓸모없는 말과 쓸모 있는 말은 사실에 있는 것이 아니라 가치에 있는 것이라는 소리군."

맹랑선생이 말했다.

"믿을 수 있는 말과 믿을 수 없는 말에 있는 것이 아니라 가치 있는 말과 가치 없는 말에 있는 것이라고도 할 수 있지."

그러자 무하공은 이런 말을 했다.

"그러면 처음으로 돌아가 나이는 없는 것이라는 것에 대해서 좀 더 이야기해보기로 하면 어떤가? 나이는 없는 것이라고 하니까 사람들은 그 말을 믿지 않았네. 그래서 나는 그 말이 세상에는 쓸모없는 말이라고 했지."

맹랑선생이 말했다.

"아무 가치도 없는 말이라고 한 셈이지. 그러나 자네는 곧 가치가 없는 것은 아니라는 말을 했네. 이것은 자네가 믿을 수 없는 말과 쓸모없는 말, 즉 사실과 가치를 혼동하는 데서 온 것이라고 할 수 있네."

무하공이 말했다.

"그것을 인정하지. 그러나 나이는 없다는 것, 그래서 하루살이, 쓰르라미, 거북이는 모두 동갑내기라는 자네의 말을 어떻게 생각해야 할지 모르겠네. 그 이야기는 쓸모 있는 말인가 쓸모없는 말인가?"

맹랑선생이 말했다.

"믿을 수 있는 말인가 믿을 수 없는 말인가도 함께 생각해보도록 하는 것이 좋겠군, 어떤가? 자네는 믿을 수 있는 말이라고 생각하는가?"

무하공이 말했다.

"자네가 한 말이니 자네의 생각을 먼저 말해보겠나. 믿을 수 있는 것이라고 생각하고 한 말인가?"

맹랑선생이 말했다.

"그렇지는 않네. 자네도 그 말을 적어 세상에 내놓으니까 아무도 믿지 않더라고 하지 않았는가? 아마도 자네가 누가 믿어줄 것이라는 생각을 가지고 그리하지는 않았을 것이라고 생각하네. 그럼에도 불구하고 자네는 왜 그 말을 사람들에게 전했는가?"

"앞에서 충분히 주고받은 말이네만 논리적으로는 아무 하자가 없는 말이라는 생각이 들었기 때문이네."

"논리적으로는 하자가 없다고 했는가?"

무하공이 말했다.

"그렇다고 할 수 있네. 논리적으로는 이해가 되는 말이었으니까. 그러나 사람들이 믿지 않는 것을 보고 내 생각을 바꾸었네. 믿고 믿지 않는 것은 논리성에 있는 것이 아니라 논리에 앞서 있다는 것이었네. 그것은 전적으로 현실의 문제였네."

맹랑선생이 말했다.

"논리적으로는 하자가 없으나 전연 현실적이 아닌 것은 우리가 믿을 수 없지. 그것은 현실이 논리적으로 존재하고 있지 않다는 것을 의미하네. 그러니까 믿을 수 없는 말이기는 하지만, 논리적인 말일 수는 있다는 것인가?"

무하공이 말했다.

"그렇지 않은가? 나이는 살아버린 삶이요, 살아버린 삶은 결코 없는 삶이니까, 참으로 있는 삶은 오늘로서 현실의 삶으로서만 있는 것이니까. 이것은 충분히 이해되는 것이라고 생각하네."

맹랑선생이 말했다.

"그러면 하루살이, 쓰르라미, 거북이는 모두 동갑내기라는 말은 믿을 수는 없으나 이해되는 말이라고는 할 수 있겠군."

"그렇다고 할 수 있네."

"그리고 그것은 믿을 수 없는 말이기는 하나 맹랑지언이라고 할 수도 없겠군.”

“맹랑지언은 믿을 수 없는 말이면서 전혀 논리적이지도 않으니까.”

맹랑선생이 말했다.

“그러나 모두 쓸모없는 말은 아니라는 것을 어떻게 생각해야 하는가에 대한 것일세. 우리는 지난번 맹랑지언을 말하면서 쓸모없는 말이라고 하였고. 또 자네는 동갑내기에 관한 이야기를 쓸모없는 말이라고 하였네. 그런데 지금 와서 그 쓸모없는 말을 쓸모없는 말이 아니라고 하고 있지 않은가, 그렇지 않은가?”

무하공이 말했다.

“결국 그런 결과를 가져왔네. 그것은 이미 말한 것처럼 사실의 문제와 가치의 문제를 혼동하는 데서 온 것이 아니겠는가?”

“우리는 지난번 이야기할 때 쓸모없는 말은 세상을 그르치는 일이 없으나 쓸모 있는 말은 세상을 그르치지 않기가 힘들다고 했지.”

“그런 말을 했지.”

“세상을 그르치지 않는 말이 쓸모 있는 말이고, 세상을 그르치는 말이 쓸모없는 말이 아니겠는가?”

무하공이 말했다.

“그러나 세상을 그르치지 않는 말이라고 해서 그것이 쓸모 있는 말이라고 할 수는 없지 않겠는가? 그리고 그르치는 말이라고 해서 다 쓸모없는 말이라고 할 수도 없다고 보네. 왜냐하면 같은 말이라도 어떤 사람에게는 도움이 되고 어떤 사람에게는 해를 끼치는 경우도 생각해볼 수 있으니까. 누구에게나 다 도움이 되고 누구에게나 다 해를 끼치는 그런 말은 있을 수 없다고 보네. 완벽한 말이란 있을 수 없기 때문일세."

맹랑선생이 말했다.

"그러나 쓸모 있는 말이라고는 할 수 없을지 모르나 세상 아무에게도 해를 끼치지 않는 말은 있을 수 있다고 생각하네. 그런 말을 맹랑지언이라고 했네. 그러나 그것이 쓸모 있는 말인지 쓸모없는 말인지는 알 수가 없군."

무하공이 말했다.

"동갑내기 이야기가 맹랑지언에 해당할지는 모르나 세상에 해를 끼치는 말은 아니라고 할 수 있겠나?"

맹랑선생이 말했다.

"쓸모없는 말이라고 할 수 있을지 모르나 쓸모 있는 말이라고는 할 수 없을 것 같군. 왠지 그런 생각이 드네. 그러니까 나는 하지 않아도 될 말을 했다는 것이 되겠군."

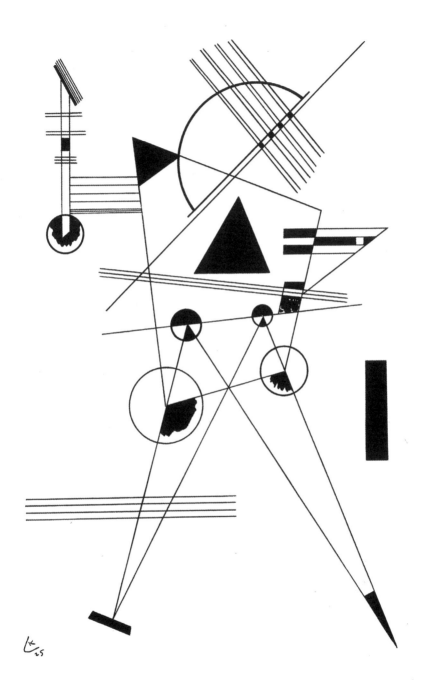

제3부

무하공과 맹랑자의 대화 2

우주의 그림과 시·공간

우주의 근원

너무 큰 수렁─블랙홀과 무─

우주의 그림과
시·공간

우리가 알고 있는 시간과 공간

무하공이 맹랑선생에게 말했다.

"아이 하나가 찾아와 시간은 시계 안에 있느냐고 물었네."

맹랑선생이 말했다.

"그래서 무어라고 했는가?"

"아무 말도 하지 못했네."

"왜 대답을 해주지 그랬는가?"

무하공이 말했다.

"나도 모르는 시간을 어떻게 말할 수 있었겠는가?"

맹랑선생이 말했다.

"아이가 알고 있는 시간을 그대는 모르고 있단 말인가?"

"그 말은 시간이 시계 안에 있다는 것인가?"

"그렇지 않다면 시간이 어디에 있겠는가? 시계를 보고 시간을 아는 것이니 시계 안에 있는 것이 아니겠는가?"

무하공이 말했다.

"시계는 사람이 만든 기계가 아닌가?"

"그렇지 사람이 만든 기계지."

"그 기계 안에 시간이 들어 있단 말인가?"

맹랑선생이 말했다.

"우리가 알고 있는 시간은 모두 시계 안에서 끄집어낸 시간을 말하는 것이 아니겠는가?"

무하공이 말했다.

"그러니까 시간은 시계의 자판(字板) 위에 있다는 말이군!"

"그렇다고 할 수 있네."

무하공이 다시 말했다.

"그러면 공간(길이)은 잣대의 눈금 위에 있겠군!"

맹랑선생이 말했다.

"그렇다고 할 수 있지. 그 밖에 어디에 가서 시간을 찾고 공간을 찾을 수 있겠는가?"

시·공간은 어디에 있는가?

이튿날 무하공은 맹랑선생을 다시 만났다. 그리고 이렇게 물었다.

"시간과 공간은 무엇인가? 있는 것인가 없는 것인가?"

맹랑선생이 말했다.

"시간은 시계 안에 있고 공간은 잣대의 눈금 위에 있다고 하지 않았는가?"

무하공이 말했다.

"그러면 시계가 없으면 시간이 없고 잣대가 없으면 공간은 없는 것인가?"

맹랑선생은 말했다.

"공은 시간과 공간을 어떻게 생각하는가?"

무하공이 말했다.

"시계와 잣대는 인간이 만들었으나 시간과 공간은 인간이 만들어서 있게 된 것이 아니라고 생각하네. 시계가 있기 전에도 시간은 있었고 잣대를 만들기 전에도 공간은 있었을 것이 아닌가?"

맹랑선생이 말했다.

"시간은 시계 안에 있는 것이 아니고 공간은 잣대의 눈금 위에 있는 것이 아니라는 말이군!"

무하공이 말했다.

"시간과 공간은 인간이 만들어 있는 것이 아니라고 생각하네."

맹랑선생이 말했다.

"그러면 시간과 공간은 어디에 있는 것인가?"

무하공이 말했다.

"모든 것에 있다고 생각하네."

"그 모든 것이란 무엇을 말하는 것인가?"

"모든 존재자 곧 만물을 말한다고 할 수 있지."

맹랑선생이 말했다.

"그러니까 시간과 공간이 그 만물과 함께하고 있다는 것은 시계의 자판이나 잣대의 눈금 위에 있는 것이 아니라는 것이군!"

무하공이 말했다.

"그렇지 시간과 공간은 시계나 잣대 위에 있는 것이 아니라 사물과 함께 있는 것이네!"

맹랑선생이 말했다.

"그러면 시계의 자판이나 잣대의 눈금을 보고 아는 시간과 공간은 무엇인가? 사물과 함께하는 시간과 공간은 다른 시간과 공간인 것인가?"

무하공이 말했다.

"어떻게 다른 시간과 공간이라 할 수야 있겠는가?"

"그렇다면 굳이 사물과 함께하는 시간과 공간을 달리 문제 삼을 필요가 없지 않겠는가?"

하고 맹랑선생이 묻자 무하공이 말했다.

"그렇지 않네. 시간과 공간이 사물과 함께 있다 하더라도 시계의 자판과 잣대 위 눈금을 벗어나서 시간과 공간은 문제 삼을 수 없기 때문일세."

맹랑선생이 다시 물었다.

"어째서인가? 시간과 공간이 함께 있는데 왜 사물에서는 시간과 공간을 문제 삼을 수 없다는 것인가?"

무하공이 말했다.

"그것은 시간과 공간이 사물과 함께 있다고는 하나 실질적으로는 사물만이 존재할 뿐 시간과 공간은 있는 것이 아니기 때문이네."

맹랑선생이 말했다.

"그러면 말이네, 시간과 공간이 사물과 함께 있는 것이 아니라 사물만 있는 것이 아닌가?"

무하공이 말했다.

"그렇게 생각할 수도 있네. 그래서 시간과 공간을 문제 삼게 되는 것이라네. 우선 시간과 공간이 사실개념인가 아닌가 존재개념인가 아닌가부터가 문제 된다고 할 수 있네. 처음부터 대화가 시작된 것이 시간이 시계 안에 있느냐는 어린아이의 질문에 대답을 해줄 수 없었던 것도 그 때문이 아니었나 하는 생각이 드네. 지금에 와서는 시간과 공간이 있기나 한 것인가 하는 생각을 해보기도 하는 것이네만."

맹랑선생이 말했다.

"시계나 잣대의 눈금 위에 있는 시간과 공간, 그리고 사물과 함께 있는 시간과 공간은 어떻게 다른가?"

무하공이 말했다.

"다르지 않다고 앞에서 말했네."

맹랑선생이 말했다.

"그랬지 그렇게 말했지. 그리하여 나는 다르지 않다면 굳이 사물과 함께하는 시간과 공간을 따로 문제 삼을 필요가 없지 않느냐고 했지. 그러자 공은 그렇지 않다고 했네!"

무하공이 말했다.

"그것은 시간과 공간이 사물과 함께하고 있지만 시계나 잣대의 눈금 위에서 말하는 시간과 공간이 없으면 사물에서 시간과 공간을 문제 삼을 수 없기 때문이라고 했네."

"문제 삼을 수 없다면 시간과 공간은 사물에는 없는 것이 아니겠는가?"

"아니네. 시간과 공간은 사물과 함께 있네."

맹랑선생이 말했다.

"그러나 실제로 있는 것은 사물뿐이라고 하지 않았는가? 그러니까 시간과 공간은 사물에는 없는 것이 아니겠는가."

그러자 무하공이 말했다.

"시간과 공간은 사물에 있는 것이 아니란 말인가?"

맹랑선생이 말했다.

"그렇지! 시간과 공간은 시곗바늘이나 잣대의 눈금 위에만 있고 사물에는 없다고 생각하네."

무하공이 말했다.

"시간과 공간이 없다면 무엇으로 사물을 설명하고 이야기할 수 있겠는가?"

맹랑선생이 말했다.

"사물에 없다고 했지, 시간과 공간이 없다고는 말하지 않았네."

"왜 사물에는 없다고 생각하는가?"

"시간과 공간은 형식개념이요 사실개념이 아니기 때문이네."

무하공이 말했다.

"형식이란 무엇을 말하는 것인가? 사물의 존재형식이라면 그것은 사물에 있는 것이 아니겠는가?"

"그렇게 생각할 수도 있겠군."

하고 맹랑선생이 말했다.

"그리고 그 형식개념이 시간과 공간이라고 하지 않았는가?"

"그랬지."

"그렇다면 시간과 공간은 사물에 있는 것이 아니겠는가?"

그러자 맹랑선생이 말했다.

"그렇게 생각할 수도 있겠군. 그러나 시간과 공간은 사실개념이 아니므로 사물에 있다고 할 수는 없을 것이네. 앞에서 공은 있는 것은 사물뿐이라고 하지 않았던가?"

무하공이 말했다.

"그러면 그 형식은 어디에 있는 것인가?"

"사람에게 있지."

"그러니까 시간과 공간은 사물에 있는 것이 아니라 사람에게 있다는 말인가?"

맹랑선생이 말했다.

"더 정확하게 말한다면 시계의 자판과 잣대의 눈금 위에 있다고 할 수 있지. 그러나 그 시계와 잣대는 누가 만든 것인가? 사람이 만든 것이 아닌가?"

무하공이 말했다.

"그러니까 시간과 공간은 본래 있는 것이 아니라 인간이 만들어서 있게 된다는 것이군!"

맹랑선생이 물었다.

"인간이 왜 시계와 잣대를 만들었다고 생각하는가? 시간과 공간을 말이네."

"그것은 필요해서 만든 것이 아니겠는가?"

하고 무하공이 말했다.

"그렇지! 필요에 의해서 만든 것이네. 공이 말한 것처럼 사물을 설명하고 이야기할 수 없으니까 시계와 잣대를 만든 것이네. 그렇게 만들어 있게 된 시간과 공간을 물상의 존재형식이라고 하는 것이네."

하고 맹랑선생이 말했다.

그러자 무하공이 말했다.

"그러나 물상의 존재형식인 만큼 물상에 있는 것이 아니겠는가?"

시·공간과 물상의 존재형식

맹랑선생이 말했다.

"물상의 존재형식인 시간과 공간, 즉 형식개념은 사실개념이 아니네. 물상(존재자)을 설명하고자 하는 데서 끌어들인 형식개념일 뿐, 사실개념이 아니라는 것이네. 마치 메주틀이 필요에 의해서 만들어진 것이나 그 메주틀이 메주는 아니라는 것과 같다고 할 수 있지. 시간과 공간을 형식개념이라 하는 것은 메주틀과 같은 것이라고 할 수 있네."

맹랑선생은 잠시 말을 끊었다가 다시 계속했다.

"무하공 나는 전에 『지금 바로 여기』라는 책을 하나 낸 일이 있네. 시간과 공간에 대한 것이었지."

무하공이 말했다.

"알고 있네. 그 책에서 선생은 시간과 공간은 시계와 잣대 위에 있는 것은 아니라고 했네. 그러나 지금은 달리 말하고 있지 않은가?"

"사람에게 있다고 했네. 달리 말한 것은 아니라고 생각하네."

"어떻게 달리 말한 것이 아니라고 하는가?"

맹랑선생이 말했다.

"그 시계와 잣대의 눈금은 필요에 의해 사람에게서 만들어졌다는 것이네. 여기서 시간과 공간을 말하는 존재형식이 어찌 달리 말한 것이라 하겠는가?"

"아무튼지 시간과 공간은 형식개념으로 사물처럼 존재하는 사실개념은 아니라는 것이군!"

하고 무하공은 말했다.

"그러나 문제는 그 형식개념인 시간과 공간이 없이는 그 어떠한 사물의 존재를 설명할 수도 접근할 수도 없다는 것이네."

하고 맹랑선생이 말했다.

무하공이 말했다.

"그렇다고 시간이 시계 안에 있고 공간이 잣대의 눈금 위에 있다고 할 수는 없지 않겠는가?"

맹랑선생이 말했다.

"그러나 우리는 시간을 기준단위로서 말할 수밖에 없고 공간 또한 기본단위로서 말할 수밖에 없으니 그 단위를 시계 안에서 찾고 잣대의 눈금 위에서가 아니면 말할 수 없지 않겠는가? 나노미터니 나노세컨드라는 시·공간의 개념도 그 기준단위 위에서만 말할 수 있는 것이 아니겠는가? 그러니 그때의 시·공간도 물상의 존재를 설명하고 알고자 하는 형식개념일 뿐 사물의 존재사실을 말하는 것은 아니라고 보네."

시·공간의 그림과 우주의 무한무진

무하공이 말했다.

"선생은 전에 둥그런 원(○)을 그려놓고 시간을 이야기한 일이 있네. 굴렁쇠그림이라고 했던가. 그것을 시간그림이라고 했었지."

맹랑선생이 말했다.

"원을 구(球)로 생각하면 공간그림이라고 할 수도 있다고 했네."

무하공이 말했다.

"그래서 시·공간 그림이라고 했지!"

맹랑선생이 말했다.

"우주의 그림이라고 할 수도 있을 것 같네. 아무튼지 무궁무극을 나타낸 우주의 그림이라고 할 수 있네. 무궁은 무시무종의 시간을 말한다고 할 수 있고, 무극은 무량세계의 공간을 말한다고 할 수 있지. 그러한 무궁무량의 존재형식을 말하고 있는 것이 우주라고 한다면, 원은 바로 우주의 그림이라고 할 수 있지 않겠는가. 우주의 그림이라고 할 때에는 원보다는 구로 공처럼 나타내는 것이 나을지도 모르겠네. 아무튼지 우주는 모든 존재자를 말하는 것이라면, 그 모든 존재자는 시·공간의 존재형식으로 존재한다는 것을 말하고 있는 것이 우주라고 할 수 있네. 아무튼지 우주의 무궁무량은 무한성을 말한다고 할 수 있네."

무하공이 말했다.

"그러니까 원이나 공처럼 구로 나타내는 우주의 그림은 존재사실을 말하고 있는 것이 아니라 존재사실의 형식을 말하는 것이라고 할 수 있겠군!"

맹랑선생이 말했다.

"그러나 우주의 그림은 존재형식으로 시간과 공간을 말하고 있는 것이 아니라 시·공간이 분리되지 않고 함께 있는 것으로, 시간과 공간이 아직 생겨나기 전을 말한다고 할 수 있네. 그러므로 우주는 시간과 공간의 존재형식으로 존재하는 존재사실을 말하고 있는 것이 아니라 존재형식을 벗어나 있는 존재를 말하고 있는 것이라고 할 수 있네. 굳이 시·공간으로 말한다면 시간과 공간이 만나 함께하는 자리, 시간도 제로(0) 공간도 제로(0)인 자리 좌표상에서 말하면 두 축(시간축·공간축)이 만나는 점

(0,0)의 자리에 있는 존재라고 할 수 있네. 그러한 존재를 존재 현전의 실재라고 하는 것이네. 시간과 공간이라는 존재형식으로 존재하는 물상(物象)과는 다른 존재라는 것이네. 그렇게 존재하는 것을 우주의 근원이라고 하는 것이네. 그러니까 우주의 그림은 시·공간으로 말한다 하더라도 존재형식을 말하는 것이 아니라 시·공간이 함께 있어 시간과 공간이 생겨나기 전의 자리, 그러므로 존재형식을 벗어나 있는 존재로 우주의 근원을 나타내고 있는 실상의 그림이네. 이 실상(實相)을 우주의 근원이요 만물의 근원이라고 하는 것이네. 그러니까 시·공간의 존재형식으로 파악되는 존재자를 물상이라고 한다면, 존재형식을 벗어나 있는 존재현전의 실재를 실상이라고 한다네. 노자와 장자가 말하는 '무(無)'가 바로 그 실상이라 할 수 있네. 불교에서 말하는 공(空)이나 무(無)도 마찬가지로 그 실상을 가리킨다고 할 수 있네."

우주의
근원

태초와 무

무하공이 맹랑선생에게 말했다.

"태초에 아무것도 없었다. 무(無)만이 있었다고 하는데 선생
도 그렇게 생각하는가?"

맹랑선생이 말했다.

"태초의 일을 어떻게 알겠는가? 태초(太初)라는 것도 무엇을
말하는지 알 수가 없군, 그래!"

무하공이 말했다.

"태초는 말 그대로 맨 처음을 말하는 것이 아니겠는가?"

맹랑선생이 말했다.

"맨 처음을 말하는 것이 태초라면 무엇의 맨 처음인가의 '무
엇'이 있어야 할 것이 아니겠는가?"

"그것은 세상 열림의 맨 처음을 말하는 것이 아니겠는가?"

"천지개벽을 말하는 것인가?"

"우주탄생의 시작이라고 할 수도 있지."

맹랑선생이 말했다.

"그러니까 태초에 아무것도 없었다는 말은 세상이 열리자 그 처음에는 아무것도 없었다는 것이 되겠군!"

그러자 무하공이 말했다.

"그렇게 되는가? 그러면 세상이 열리기 전이라 말해야 할 것 같군."

"그러나 태초를 세상 열리기 전이라 할 수는 없지 않은가?"

"그렇다면 태초는 무를 말하는 것은 아니겠군."

맹랑선생이 말했다.

"그렇지 어떻게 무를 태초라고 말할 수 있겠는가? 태초는 유 (有)에서만 말할 수 있다고 생각하네."

무하공이 말했다.

"그러나 태초 이전에는 무라고 말할 수 있지 않겠는가?"

맹랑선생이 말했다.

"태초에 무가 있었다는 말이 태초 이전을 말하는 것은 아닐 것이네."

무하공이 말했다.

"그러면 여기서 무는 무엇을 말하는 것인가?"

"존재형식을 벗어나 있는 존재, 다시 말해서 시·공간을 벗어나 있는 존재를 말하고 있는 것이라고 생각하네."

"어떻게 시·공간을 벗어나 있는 존재가 있을 수 있는 것인가?"

맹랑선생이 말했다.

"인식 밖의 존재를 말한다고 할 수 있네. 그런 존재를 물상과는 달리 실상이라고 하는 것이네."

무하공이 물었다.

"그 실상은 물상과는 어떻게 다른가"

"물상을 존재자라 한다면, 실상은 그냥 존재라고 할 수도 있을지 모르겠네."

"존재자와 존재가 다르다는 것인가?"

물상과 실상

맹랑선생이 말했다.

"모든 존재자는 시·공간상에 있다. 시간과 공간은 모든 존재자의 존재형식이다. 다시 말해서 시간형식과 공간형식으로 존재하는 존재자를 물상(物象)이라고 한다면, 실상(實相)은 시·공간의 존재형식을 벗어나 있는 존재를 말한다고 할 수 있네. 물상은 인식대상으로 마주서는 존재자를 말하는 것이라면, 실상은 인식 밖에 있는 존재, 인식대상으로 마주세울 수 없는 존재, 알 수 없는 존재라고 할 수 있네."

무하공이 말했다.

"그렇다면 물상은 유로 실상은 무로 말할 수 있겠는가?"

맹랑선생이 말했다.

"그러나 유와 무를 그렇게 간단하게 말할 수는 없을 것이네. 어떻게 '있다', '없다'의 유무를 알 수 있는 것과 알 수 없는 것으로 바꾸어 말할 수 있겠는가? 물상을 알 수 있는 존재, 인식대상으로 마주서는 것이라 유로 말할 수는 있으나 실상을 알 수 없는 존재, 인식 밖의 존재라 해서 무로 말할 수는 없을 것이네. 실상은 물상이 아니므로 비유(非有)라 할 수 있으나 비유가 곧 무를 말하는 것은 아니라는 것이네. 실상은 유도 아니요 무도 아닌 비유비무(非有非無)라고 할 수 있네. 물상을 대상으로 유무를 말할 수 있으나 실상을 대상으로 유무를 말할 수는 없다는 것이네. 그러므로 태초에 무가 있었다고 하는 무는 물상에서 말하는 유무의 무가 아니라 비유비무를 말하는 실상을 말하는 것이라고 할 수 있네. 존재형식으로 말하면 시간적 물상, 공간적 물상으로 마주서는 인식대상으로서의 존재자가 아니라 인식할 수 없는 인식 밖의 존재를 말하고 있다는 것이네. 시간과 공간이라는 존재형식으로 존재하는 것을 물상이라 한다면, 그 존재형식을 벗어나 시·공간 없이 존재하는 것을 실상이라고 한다는 것이네."

무하공이 말했다.

"어떻게 존재형식을 벗어나 시·공간 없이 존재할 수 있단 말인가?"

맹랑선생이 말했다.

"실상이 그렇게 존재하는 인식 밖의 존재라는 것이고, 존재형식인 시·공간으로 존재하지 않는다는 것이네. 그러므로 그러한 존재는 인식할 수도 설명할 수도 없는 것으로, 이러한 존재를 실상이라고 하는 것이라네."

"어떻게 시·공간 없이 존재할 수 있단 말인가?"

하고 무하공은 같은 말을 되풀이해 물었다.

맹랑선생이 말했다.

"공은 시간과 공간을 무엇이라고 생각하는가?"

무하공이 말했다.

"앞에서 모든 존재자의 존재형식이라 하지 않았는가?"

맹랑선생이 말했다.

"그 존재형식을 벗어나 있는 존재를 실상이라 한다는 것이네. 태초에 무가 있었다는 무가 그 실상이요, 그 무는 비유비무로 존재하는 유무미분(有無未分)의 일(一)을 말한다네. 그 일이 무요, 무가 실상이라네. 그 실상을 우주의 근원이라고 할 수 있네. 시간과 공간으로 나뉘기 전 시·공간 미분의 자리에 있는 존재가 우주의 근원이요, 무가 바로 그러한 존재요, 우주의 근원이라는 것이네. 우주의 근원은 곧 만물의 근원이기도 하네."

존재현전과 현전실재

무하공이 물었다.

"시간과 공간이 나뉘기 전 시·공간 미분의 자리라는 것이 무엇인가? 시·공간이 나뉘기 전이라면 그것은 시간도 공간도 아니지 않는가? 시간과 공간이 생겨나기 전 시·공간이 없는 자리를 말하는 것이 아닌가?"

맹랑선생이 말했다.

"시·공간이 없는 자리라기보다 시간과 공간이 함께 있는 자리라고 할 수 있네. 나뉘기 전인지라 시간으로 말할 수도 없고 공간으로 말할 수도 없으므로 시·공간이 없는 자리라고 할 수도 있네. 시간과 공간이 생겨나기 전이라는 말이네. 굳이 시간과 공간으로 말한다면, 시간도 제로(0)의 자리요 공간도 제로(0)

의 자리라고 할 수도 있을 것이네. 그러나 시간과 공간은 이미 나뉘어 갈라지고 나서 말하는 것이라 미분의 자리에서 말한다면 시·공간이 생겨나기 전이라 시간도 공간도 없는 자리라고 할 수 있네. 그 자리를 나는 전에 '지금 바로 여기'라 하여 좌표상에서 시·공간이 공존하는 자리를 말한 적이 있네. 그리고 그 자리에 있는 존재를 존재현전(存在現前) 또는 현전실재(現前實在)라고 한 일이 있네."

무하공이 말했다.

"그러면 우주의 그림이란 무엇인가? 시간과 공간으로 곧 존재형식으로 모든 존재자를 말하는 것이 아닌가?"

맹랑선생이 말했다.

"나는 그렇게 생각하지 않네. 존재형식 곧 시간과 공간으로 모든 존재자를 말하고 있는 것이라면, 우주의 그림 곧 원은 우주의 근원을 말하는 것이라고는 할 수 없을 것이네."

"그러니까 우주의 근원을 말하고 있는 것이 우주의 그림이요, 둥그런 그림의 원이라는 것이군."

맹랑선생이 말했다.

"그렇다네. 그 우주의 그림이 나타내고 있는 것은 우주의 근원이요, 모든 존재자 만물의 근원이요, 그 근원은 바로 나와 마주선 현전실재요, 실상이요, 진유(眞有)요, 실유(實有)라고 하는 존재현전이라고 할 수 있네. 바로 그 존재현전이 우주와 모든 존재자의 근원이요, 시간과 공간의 시발점이요, 생성·창조하는 우주의 출발점이라고도 할 수 있네. 무가 바로 그 근원이요, 출발점이기도 하지. 시간과 공간이 여기서 생겨나고 미분의 일(一)이 나뉘고 갈라져 무(실상)에서 유(물상)로 만물이 전개되는 것이라고 할 수 있네. 노자가 말하는 유는 무에서 생겨나고(有生於無) 만물은 유에서 생겨난다(萬物生於有)고 하는 말이 바로 그것이요, 동(同, 무無/일一)에서 나와 갈라져 만물이 생겨난다(同出而異名)는 것이 아니겠는가? 박산즉위기(樸散則爲器)라는 말도 그 점을 설명하고 있는 것이라고 생각하네. 우주의 전개라고도 할 수 있지 않겠는가? 박산(樸散)의 '산'은 나뉜다는 것이요 위기(爲器)의 '기'는 나뉘고 갈라져 생겨나는 만물(유/물상)을 말한다고 할 수 있네. 너무 장황하게 말했던가? 아무튼지 현전 실재, 존재현전이 우주와 모든 존재자(물상)의 근원이라는 점이네. 시간과 공간의 기점(起點)이라고도 할 수 있지. 그 기점이 태초에 무가 있었다는 무라고 생각하네."

너무 큰 수렁

—블랙홀과 무—

검은 수렁

무하공이 맹랑선생에게 말했다.

"선생은 천체물리학에서 말하는 블랙홀을 들어본 일이 있는가?"

맹랑선생이 말했다.

"모든 사물을 빨아들여 삼켜버린다는 그 큰 수렁을 말하는 것인가?"

무하공이 말했다.

"그 수렁은 모든 사물뿐만 아니라 빛과 시간 그리고 공간까지도 삼켜버린다고 하네. 정말 그런 수렁이 있을 수 있는 것인가?"

맹랑선생이 말했다.

"없는 것을 말하고 있는 것 같지는 않네. 동양 철인들이 말하는 무(無)가 없는 것을 말하는 것이 아닌 것처럼 말이네. 모르는 것으로 있는 그 무엇일 수도 있지."

무하공이 말했다.

"그러나 검은 수렁이라고 하지 않는가? 한번 빠져 들어가면 영원히 돌이킬 수 없는 무로 떨어진다고 하지 않는가? 그 검은 수렁을 무라 할 수 있지 않겠는가?"

맹랑선생이 말했다.

"무라면 무라는 것이 있다는 말이겠지."

"무는 없다는 것인데 어떻게 무가 있다는 말이 가능한가?"

"가능하지 않은 말이라면 무는 무가 아니겠지. 태초에 무가 있었다는 무가 아무것도 없다는 무가 아닌 것처럼 말이네."

무하공이 말했다.

"몇 해 전(2019년) 전파망원경으로 처음 찍었다는 M87블랙홀 사진을 보면 반지처럼 둥근 모양의 원으로 되어 있는 하나의 빛 고리가 찍혀 있을 뿐이었네. 그러나 그것은 블랙홀을 찍은 것이 아니라는 것이었네. 그 둥근 고리(빛고리) 안에 있는 검은 것을 블랙홀이라고 했네. 그것은 무엇인지 사진으로도 찍혀지지 않는 검은 것이었을 뿐이네. 그 고리 안의 검은 블랙홀은 결국 무 엇으로도 그 정체를 밝혀낼 수 없는, 알 수 없는 것이라고 하였 으니 아무것도 없는 무를 말해주고 있는 것이 아니겠는가?"

맹랑선생이 말했다.

"그렇지 않네. 그 고리(빛고리) 안이 검은 것으로 나타나는 블랙홀은 아무것도 없다는 무를 말하고 있는 것이 아니라 알 수 없는 그 무엇으로 있는 것이라고 했네. 블랙홀은 무가 아니라는 것이네. 동양 철인들이 말하는 무가 무가 아닌 것처럼 말이네."

무하공이 말했다.

"그러니까 블랙홀은 무가 있다는 것을 말하는 것이 아니므로 무로 있다는 말은 아니라는 것이군."

맹랑선생이 말했다.

"그렇지. 블랙홀은 없는 것을 있다고 하는 무가 아니라 알 수 없는 것으로 있는 비무(非無)를 말한다고 할 수 있네."

무하공이 말했다.

"우리는 지금까지 큰 수렁에 대해서 이야기하고 있었네. 빛과 시간까지도 삼켜버리는 그런 수렁이 실제로 있느냐 없느냐였지. 블랙홀을 두고 한 말이었네. 그러다가 지금은 그 관심이 무의 문제로 옮겨갔다고 할 수 있네."

맹랑선생이 말했다.

"그래서 문제가 되는 것이 아니겠는가. 무가 있다고 하면 그것은 무가 무가 아니라는 말이 될 수 있다는 것이네."

"태초에 무가 있었다고 하는 말도 무는 무가 아니라는 말이군."

"그렇다고 할 수 있지. 무가 있는 것이 아니라 알 수 없는 무엇이 있다는 말이겠지. 그러면 태초라는 말과도 상충되지 않을 것이네. 태초에 무가 있었다는 말은 태초에 아무것도 없었다는

것이 아니라는 말이네. 물론 여기서 태초가 무엇을 말하느냐가
문제되겠지만 말이네."

　하고 맹랑선생은 말했다.

무와 하나(一)
─일(一)과 특이점─

이튿날, 무하공은 맹랑선생을 다시 찾았다.

"어제 하던 이야기를 좀 더 해야 할 것 같아 다시 찾아왔네."

"잘 왔네! 나도 지금 공을 생각하고 있었네. 아무래도 어제는 이야기를 하다만 것 같아서 말이네."

하고 맹랑선생이 말했다. 그러자 무하공이 말했다.

"어제 선생은 '태초에 무가 있었다'는 말이 태초에 아무것도 없었다는 말이 아니라고 했네. 그러면 여기서 무는 무엇인가?"

맹랑선생이 말했다.

"비유비무(非有非無)라는 것이 아니겠는가. 유도 아니고 무도 아니라는 말이지. 유나 무가 갈라지기 전이라고나 할까? 그것을 일(一)이라고도 하네. 언젠가 이 일을 나뉘기 전이라 하여 미분(未分)과 함께 불이(不二)로서 실상에 대한 이야기를 주고받은 것으로 아네. 그 실상을 음양미분의 태극이라고도 하고 도(道), 자연(自然), 박(樸)이라고도 할 수 있을 것이네. 동(同)과 불이(不二)로 말하기도 했네. 모두 무를 말하려 함이었지."

무하공이 말했다.

"그런 말을 한 일이 있지. 그러나 어제 말하려고 한 것은 무, 곧 실상을 말하려는 것이 아니라 블랙홀을 말하려는 것이었네. 전파망원경으로 촬영했다는 블랙홀의 사진을 보면 일식을 할 때 검은 그림자가 태양을 삼키고 있는 모습과 같았네. 태양은 없고 검은 그림자를 감싼 가장자리의 둥근 고리만이 있는 것처럼 블랙홀은 바로 그러한 모습이었네."

맹랑선생이 말했다.

"그 둥근 빛고리를 사건지평선이라 하고 있는 것 같더군. 그 고리 안에 검게 있는 것을 블랙홀이라 말하고 있었네!"

"그랬지 선생은 그 사건지평선이라는 둥그런 빛고리 안에 있는 블랙홀은 알 수 없는 것으로 있는 것이라고 했지."

"공은 시간도 빛도 없는 것인지라 알 수 없는 것이 아니라 아무것도 없는 것이라고 했네."

"그것은 지금도 같은 생각이네."

맹랑선생이 말했다.

"그러나 사건지평선으로 둥그렇게 빛고리로 가장자리를 이루고 있는 블랙홀의 모습은 동양에서 실상을 원으로 나타내는 둥그런 일원상(一圓相)의 모습과 같았네. 바로 그 점에서 실상과 관련하여 말해본 것이라고 할 수 있네. 블랙홀의 검은 수렁을 무라고 할 수 있다면, 그것은 동양 철인들이 실상을 말하는 무와 관련시켜 생각해볼 수 있지 않겠는가? 블랙홀에서 사건지평선과 특이점을 말하고 있는 것이 무에서 물상과 실상을 말하는 것과 유사해서 말이네. 박(樸)과 일(一)은 특이점과 관련시켜 생각해볼 수도 있을 것이네."

무하공이 말했다.

"무슨 말을 하는 것인가? 블랙홀은 은하계의 수많은 천체 중 어느 한 별의 개체를 말하는 것이고, 실상은 물물마다의 참존재 참모습을 말하는 것이 아닌가?"

"블랙홀도 은하계의 어느 별 하나를 말하고 있는 것이 아니라 무수한 별이 블랙홀로 있을 수 있다는 것을 말하고 있는 것이 아니겠는가?"

"그렇다고 하더라도 블랙홀의 존재와 실상의 존재는 다른 것 같네. 함께 설명할 수는 없을 것 같네."

맹랑선생이 말했다.

"물론 다르지. 동양 철인들이 생각한 물물마다의 실상과 물리학자들이 은하계의 천체(별)를 두고 말하는 것이 같을 수 있겠는가?"

무하공이 말했다.

"그럼 왜 블랙홀을 말하는데 실상을 말하고 무를 말하는 것인가?"

맹랑선생이 말했다.

"사건지평선을 넘어 블랙홀에 접어들면 모든 것이 소멸되고 더 축소·소멸되지 않는 특이점에 이르면, 시간도 공간도 끝이요, 그것이 폭발하여 빅뱅으로 우주가 만들어지고 시간이 생겨나는 출발점이기도 하다는 말을 하고 있네. 이것은 무에서 물상의 소멸과 함께 실상이 근원이 되어 다시 시·공간이 존재자의 실질적인 존재형식이 되어 물상의 세계가 전개됨을 설명할 수 있는 것과 그렇게 크게 다를 것이 없다는 것이네. 은하계 안에서 어느 천체의 하나인 별로 블랙홀을 말하는 것이나 무수한 존재자 중에서 티끌 하나의 실상을 말하는 것이나 무엇이 다르겠는가?"

무하공이 말했다.

"천체물리학에서 다루는 세계와 철학에서 다루는 세계가 크게 다르지 않을 수 있다는 말인가?"

"동양 철인들은 티끌 하나에서도 우주를 말하고 있으나 물리학에서는 어떤지 모르겠군."

"원자물리학 양자물리학에서는 원자 하나에서도 우주를 말할 수 있다고 할 수 있지. 생명과학에서는 1천억 개의 신경세포가 1천조 이상의 조합을 이룬다는 말도 하고 있으니까 말이네. 현재 2년 넘게 온 세상을 혼돈으로 몰아넣고 있는 역병 코로나바이러스, 박테리아 종을 문제 삼는 것도 전체의 1퍼센트도 안 된다는 점도 그렇지 않은가? 동양철학에서 티끌 하나가 우주라는 것과 다를 바가 없다고 생각할 수도 있네. 그러나 물리학에서는 그러한 것을 우주라고 하지도 않고 우주로 다루지도 않네!"

맹랑선생이 말했다.

"동양 철인들은 티끌 하나가 무량세계라는 말을 하지. 그리고 그 존재 하나하나가 모두 우주일 수 있다는 말을 하지."

"무량세계로 말하면 같은 것일 수도 있다는 것이군."

"별 하나와 티끌 하나가 무엇이 다르겠는가?"

무하공이 말했다.

"그러나 블랙홀과 티끌 하나의 실상은 같은 것일 수가 없다고 보네. 그리고 블랙홀은 알 수가 없다고 해서 무라고 할 수 있다 하더라도 그 무가 실상을 말하는 것일 수는 없다고 생각하네."

맹랑선생이 말했다.

"물론이지. 블랙홀이 어떤 존재의 실상을 말하는 것일 수는 없네. 블랙홀은 그저 블랙홀을 말하는 것일 뿐이지. 그러나 어떤 존재자의 실상 즉 티끌 하나의 실상은 물물마다의 참존재를 말하는 것으로, 블랙홀의 그 수렁 안을 무라 한다 하더라도 그것은 실상으로서 그런 참존재를 말하는 것은 아닐 것이네."

"그래서 하는 말이 아니겠는가? 블랙홀에서 실상을 말할 수는 없다는 말이네."

맹랑선생이 말했다.

"내가 실상을 말하는 것은 블랙홀의 실상을 설명하려는 데 있는 것이 아니라 은하계의 한복판에 있는 것을 찍었다는 M87의 블랙홀 사진에 검은 것을 감싸고 있는 반지 모양의 둥근 빛 고리(사건지평선)가 원을 이루고 있어서 철학에서 실상을 나타내는 그림인 일원상과 모양이 같아 그 연관성을 생각해본 것이라고 앞에서 말하였네. 더구나 그 블랙홀이 시간의 종말(끝)과 우주가 만들어지는 출발점이기도 하다는 것에서 무를 생각해본 것이라네."

무하공이 말했다.

"아무리 그렇더라도 블랙홀이 사물에서 말하는 물물마다의 실상과 같은 것일 수는 없네."

맹랑선생이 말했다.

"물리학의 과제를 철학의 과제로, 철학의 과제를 물리학의 과제로 생각하려는 것은 아무래도 무리일지 모르겠군. 그러나 블랙홀에서 우주의 소멸과 함께 시간의 끝을 말하고 빅뱅이론에서 우주의 탄생과 시간의 시작을 말함으로써 우주의 탄생과 소멸을 설명의 세계로 끌어들이고 있는 우주론은 동양 철인들이 무로써 전개하는 우주론과 실질적 관계가 있을지는 모르겠으나 함께 생각해볼 수는 있지 않을까 하는 것이네. 특히 시간의 시작과 끝을 우주의 탄생과 종말로써 함께 문제 삼으면서 특이점을 말하고 있는 것은 동양 우주론에서 실상과 물상을, 그리고 시·공간의 소멸과 시작을 무에서 말할 수 있는 것과 크게 다

르지 않다는 생각을 해보게 된다는 것이네. 특이점도 일(一)과
함께 생각해볼 수 있을 것이네.”

기와 현과 뱀과 바람
그리고 눈과 마음

기(夔)는 외발 짐승이었다. 발이 하나였으므로 껑충껑충 뛰면서 걸어갈 수밖에 없었다. 그나마도 뜻대로 되지 않을 때가 많았다.

하루는 그가 길에서 수없이 많은 다리를 가지고 있는 현(蚿)을 만났다. 현은 움직일 때마다 온몸에서 노린내를 풍기며 다니고 있었으므로 노래기라고 부르는 작은 벌레였다.

"참으로 신기하고도 놀랍구나! 나는 다리 하나를 가지고도 뜻대로 되지 않을 때가 있는데 너는 헤아릴 수 없는 그 많은 다리를 가지고 다니면서 어떻게 앞발 뒷발을 알아서 실수 없이 움직이고 있단 말인가? 순서를 정해 발을 옮긴다 해도 너무 많아 헷갈릴 수 있을 것이 아닌가?"

기가 이렇게 말하자 현은 발을 계속 꼼지락거리면서 대답했다.

"그렇지 않아. 그저 자연스럽게 움직이는 것이지. 나는 내 발이 몇 개인지도 알지 못하고 앞발을 먼저 움직이고 뒷발을 움직여야 한다는 생각도 없이 걸어가고 있는 거야. 그러니까 순서를 정할 필요가 없지. 그러나 그 많은 발이 앞서거니 뒤서거니 헷갈리는 일이 없고 서로 걸려 넘어지는 법도 없다네. 가려고 하면 저절로 발이 움직여 그저 몸을 맡기고만 있으면 되거든. 나는 그렇게 자연스럽게 걸어 다니고 있는 거야."

기는 더 말을 못하고 부러운 눈으로 현을 바라보기만 하였다.

그러나 이번에는 현이 길을 가다가 발도 없이 땅 위를 걸어가고 있는 뱀을 만났다.

"너는 미끄러지듯 잘도 가는구나. 나는 많은 발을 가지고도 발 없는 너만큼 걸어갈 수가 없으니 훌륭하다고 하지 않을 수 없구나. 어떻게 그럴 수가 있는 것인가?"

현이 하는 말을 듣고 뱀이 말했다.

"나는 척추와 가슴뼈를 움직여 걸어가고 있으니까 다리나 발이 필요 없지. 그저 자연스럽게 가고 있는 거야. 어떻게 그럴 수 있는지는 나도 알 수가 없어."

현은 더 말을 못하고 부러운 눈으로 뱀을 바라보기만 하였다.

그 뱀이 이번에는 길에서 바람을 만났다.

"너는 땅을 밟지도 않고 북명에서 남명으로 휙 하고 옮겨가기도 하고 산과 구릉까지 타고 넘으니 어떻게 그럴 수가 있는 것인가? 아무것도 의지함이 없이 걸어 다니고 있지 않은가?"

뱀이 이렇게 묻자 바람이 말하였다.

"그렇다네. 나는 아무것도 기대거나 의지하지 않고 걸어 다니고 있지. 그러나 손가락 하나도 나를 막아낼 수 있고 발길질로 나를 이겨낼 수 있네. 그렇지만 나는 적은 것에는 이겨내지 못하지만, 집을 날려 보낼 수 있고 큰 아름나무를 뿌리째 뽑아 버릴 수도 있지. 이것을 어떻게 내 의지로 하는 것이라고 하겠는가? 자연스럽게 그저 그렇게 되는 것이라네."

뱀은 더 말을 못하고 부러운 눈으로 바람을 바라보기만 하였다.

이번에는 바람이 걸어가다가 눈(目)을 만났다.

"너는 움직이지 않고도 가고 걷지 않고도 도달하고 있으니 어떻게 그럴 수가 있는가?"

바람이 이렇게 묻자 눈이 말했다.

"나는 가만히 앉아서도 움직이고 걸어가지 않고도 도달할 수가 있으니 몸을 옮겨 다닐 필요가 있겠는가? 어떻게 그럴 수가 있느냐고 묻지 말게. 그것은 나도 알 수가 없네. 그저 자연스럽게 저절로 그렇게 되는 것이지."

바람은 더 말을 못하고 부러운 듯이 눈을 바라보기만 하였다.

그때 마음이 그들에게로 다가오면서 말하였다.

"나는 과거로 돌아가기도 하고 미래를 건너뛰기도 하면서 시간 위를 걸어 다닐 수 있지. 그래서 지나간 일 어제의 일도 잘 알지. 어떻게 그럴 수 있는지는 나도 알 수가 없으니 태어난 대로 그저 자연스럽게 그렇게 할 뿐이지."

눈은 부러운 듯이 마음을 바라보았다.

기는 현을 부러워하고, 현은 뱀을 부러워하고, 뱀은 바람을 부러워하고, 바람은 눈을 부러워하고, 눈은 마음을 부러워하였다. 마음이 또한 부러워함이 없겠는가? 그러나 이들은 부러워함 때문에 자연스러움을 그르치는 일이 없었다.

그것이 사람과 다른 점이었다.

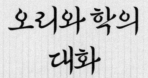

오리와 학의
대화

오리가 물가에서 놀고 있었다. 학이 오리에게로 날아와 앉으며 말하였다.

"너는 정말 다리가 짧구나!"

그러자 오리가 학을 올려다보면서 말했다.

"그렇지 않아. 내 다리가 짧은 게 아니라 네 다리가 긴 거야."

학이 다시 말했다.

"아니야. 네 다리가 짧은 거야."

오리가 또 말했다.

"네 다리가 긴 거래도."

학은 오리의 다리가 짧다고 말하고 오리는 학의 다리가 길다고 말하고 있었다. 그때 쑥대밭을 오가며 놀고 있던 뱁새가 그

오리와 학의 대화

것을 보고는 종종걸음으로 다가왔다. 그리고 말하였다.

"너희들은 사람만큼이나 멍청이구나!"

뱁새의 말을 듣고 오리와 학은 어이가 없었다. 학이 말하였다.

"꼬마가 무엇을 안다고 말참견이니? 그럼 너는 오리의 다리가 짧지 않다는 거니?"

뱁새는 가까이 다가와 고개가 뒤로 넘어갈 듯이 머리를 젖히고 학을 올려다보고 있었다. 학이 보기에 뱁새는 정말 볼품없이 작았다.

"그렇다니까. 오리의 다리는 짧은 것이 아니야."

하고 뱁새가 말하였다.

"그럼 내 다리가 길다는 거니?"

학은 화가 난 듯이 소리를 질렀다.

"네 다리가 긴 것은 아니야."

하고 뱁새는 또 이렇게 말하였다.

"그럼 내 다리가 짧은 거라고?"

이번에는 오리가 말하였다.

"네 다리도 짧은 것이 아니야!"

뱁새는 학의 다리가 긴 것도 아니요, 오리의 다리가 짧은 것도 아니라고 하였다.

"그러면 오리의 다리가 내 다리와 같다는 말이니?"

학은 뱁새의 말이 엉터리라는 듯이 말하였다.

"그럴 수는 없지. 내 다리가 학의 다리와 같을 수는 없지."

180

오리도 한마디 하였다. 그는 학의 다리가 쓸모없이 길다는 생각을 하고 있었다.

"그러니까 너희들을 멍청이라고 하는 거야."

뱁새는 또 이렇게 말하였다. 멍청이라는 말에 오리와 학은 이번에도 몹시 화가 났다. 뱁새를 상대로 더는 말을 하고 싶지 않았다. 그러나 뱁새가 다시 말하였다.

"오리 너는 정말 학의 다리가 길다고 생각하고 있는 거니?"

오리는 기분이 몹시 상한 상태였으나 뱁새의 이러한 질문에 가만히 있을 수는 없었다.

"그렇지 않고. 막대기를 세워놓은 것처럼 가늘고 긴 다리가 곧 부러질 것 같지 않니? 저 다리를 가지고는 헤엄을 칠 수가 없지."

그때 오리가 하는 말을 듣고 있던 학이 갑자기 다리 하나를 높이 들어 올렸다. 그리고는 한발로 서면서 그렇지 않다고 힘자랑을 하였다. 그것은 학이 이따금 하는 버릇이었다.

이번에는 뱁새가 학을 보고 물었다.

"너는 오리의 다리가 정말 짧다고 생각하고 있는 거니?"

학이 들었던 다리를 내려놓으며 말했다.

"그렇다니까. 저 꼴을 좀 보렴. 배가 땅에까지 닿아 흙을 묻히고 있지 않니? 어떻게 다리가 짧다고 하지 않을 수 있겠니?"

그 말을 듣고 이번에는 오리가 늘어진 배를 한껏 치켜 올렸다. 그리고는 씰룩씰룩 앞으로 걸어가면서 그렇지 않다고 하였다. 뱁새가 그들이 하는 것을 보고 한심하다는 듯이 말하였다.

"사람들이 하는 말을 너희들은 듣지 못했나 보군."

사람이라는 말에 오리와 학은 겁을 집어먹은 듯이 눈을 크게 떴다. 사람은 그들에게 모두 별로 좋은 친구가 아니었기 때문이다.

"사람들이 우리에 대한 말을 했다고?"

오리와 학은 사람들이 자기들에 대해 좋은 말을 했을 것 같지 않다는 생각이 들었다. 언젠가 총을 들고 닥치는 대로 사냥하는 모습을 본 일이 있기 때문이었다.

"그렇다니까. 학의 다리를 잘라 오리 다리에 이어주면 좋을 거라고 했어."

"뭐, 뭐라고?"

뱁새의 말에 오리와 학은 몹시 놀라는 표정들이었다.

황새가 날아가다가 이들이 모여 있는 것을 보고 내려와 앉았다.

"너는 뱁새로구나. 설마 지금 나를 흉내 내려는 것은 아니겠지?"

하고 황새는 말하였다. 뱁새가 황새걸음을 흉내 내다가는 가랑이가 찢어진다는 말을 어디선가 들은 일이 있기 때문이었다.

"한 길도 날아오르지 못하는 주제에 어떻게 황새 너를 따라 할 수가 있겠니?"

학이 옆에서 뱁새를 비웃듯이 말했다.

"그것은 학의 말이 옳아. 나는 겨우 쑥대 사이를 날아오를 뿐이야. 아주 작은 새라고 할 수 있지. 그러나 지금껏 누구를 부러워하거나 흉내 내는 일 따위는 해본 적이 없거든."

하고 뱁새가 말하였다.

"그랬을 거야. 우리 모두는 사람들처럼 멍청이로 살아가지는 않지."

하고 황새가 말하였다. 그도 사람은 멍청이라 하였다.

"그렇지만 뱁새는 말을 아무렇게나 하고 있어. 버릇이 없고 너무 건방지다니까."

아까 자기에게 멍청이라고 했던 뱁새에게 학은 아직도 마음이 상해 있었던 것이다. 그것은 오리도 마찬가지였다. 오리도 한마디 하였다.

"그것은 뱁새가 자기 분수를 모르고 있기 때문일 거야. 분수를 모른다는 것은 부끄러운 일이지."

그러자 뱁새는 오리와 학에게 너무 당돌하게 말하여 마음을 상하게 한 것이 미안하다는 듯 조심스럽게 입을 열었다.

"그렇지 않아. 나는 다만 오리는 오리 다리를 가지고 있고 학은 학의 다리를 가지고 있다고 했을 뿐이야. 누구의 다리가 더 길고 누구의 다리가 더 짧다고 할 수는 없다는 뜻이었지."

"그러나 길고 짧은 것이 어떻게 없을 수야 있겠니?"

하고 학이 말하였다.

"생각으로는 있을 수 있겠지. 그러나 사실에는 길고 짧은 것이 없는 거야. 그것은 서로를 비교하는 데서 생기는 것이거든. 사람들은 무엇이든 비교하기를 좋아하지. 그리고 그것을 사실로 생각하지. 사람들은 어느 것 하나 있는 대로 보지 않거든. 그래서 길고 짧은 것만 보고 사실은 보지 못하지. 나를 보고도 작은 것인 줄만 알고 뱁새라는 것을 알지 못하거든. 나는 뱁새로 있는 것이지 작은 것으로 있는 것이 아니야. 사실을 사실대로 보면 세상은 아름다운 것이거든."

오리와 학은 뱁새의 말을 가만히 듣고만 있었다. 그러자 황새가 말을 받았다.

"옳은 말이야. 사람들은 세상의 모든 것을 크고 작고 길고 짧은 것으로만 보고 있지. 그래서 긴 것을 자르고 짧은 것은 이으려는 억지 생각을 만들어내고 있어. 그것은 뱁새의 말대로 사물을 사물로 보지 못하고 모든 것을 수치로만 보고 있기 때문이지. 수치는 동일하게 만들 수 있지만, 사물은 그렇게 있을 수가 없는 것이거든. 사물은 모두 다르게 있다는 것을 모르고 있는 거야. 이 세상에 같은 것으로 있는 것은 하나도 없지. 그것을 같게 하려는 것은 억지야. 멍청이들이나 하는 짓이지. 사람들이 그런 멍청이들이거든."

"우리가 그런 억지를 부리고 있었던 것은 아니야."

지금껏 가만히 듣고만 있었던 오리가 비로소 한마디 하였다.

"물론 너희들이 그런 억지를 부렸다는 것은 아니야. 그러나 다리를 가지고 서로 길다 짧다 말한다는 것은 옳은 생각이 아

184

니야.”

뱁새의 말을 듣고 황새가 또 말하였다.

“그것은 옳은 말인 것 같군. 학의 다리는 긴 것이 아니고, 오리의 다리는 결코 짧은 것이 아니지. 오리는 학이 아니고 학은 오리가 아니니까. 서로 다른 다리를 가지고 있을 뿐이야. 서로 다른 다리를 가지고 비교한다는 것은 옳지 않아. 비교한다는 것은 언제나 문제를 가져오는 것이거든.”

뱁새가 다시 말하였다.

“나는 다른 새들처럼 멀리 날려고 하지 않지. 그것은 내가 뱁새라는 것을 잘 알고 있기 때문이야. 뱁새에겐 그럴 필요가 없으니까. 오리 너는 나를 보고 분수를 모른다고 했지만 그렇지 않아. 나는 내 분수를 잘 알고 있어.”

“분수를 안다는 것은 참으로 중요하지. 내가 보기에는 뱁새가 건방진 것 같지는 않군. 남을 흉내 낼 만큼 어리석지도 않고.”

황새는 목을 한번 길게 앞으로 뺏다가 움츠리면서 말했다.

“너는 참으로 훌륭한 새로군.”

뱁새는 자기를 알아주는 황새가 정말 훌륭하다는 생각을 하고 있었다. 몸집이 크지만 자기가 크다고 생각하지 않았고 위엄이 있어 보이지만 조금도 거만하지 않았다. 학도 황새만큼 잘 생겼지만 흰 색깔만 가지고 있는 것이 고결한 성품을 자랑하고 있는 것 같아 마음에 꼭 들지는 않았다. 고결한 것은 좋은 것이지만 그것이 겉으로 드러난다는 것은 그리 좋은 것이 아니기 때문이다. 소중한 것은 언제나 비밀스럽게 속에 감추고 있어야 하는 것이니까.

황새가 말했다.

"그렇지 않아. 누가 더 훌륭하고 훌륭하지 않고가 없지. 우리는 다들 자기 생긴 것만큼 그리고 자기 능력만큼 꼭 필요한 것만을 가지고 살아가는 것이지. 나는 하늘 높이 날지만 붕새처럼 구름 밖까지는 날아가지 않아. 그럴 필요가 없거든. 필요 없는 일을 한다는 것은 어리석은 짓이야."

오리가 말하였다.

"그렇고말고. 나는 물고기를 잡아먹지만 물속의 고기를 다 잡아먹지는 않아. 그럴 필요가 없거든. 배 하나 채우면 그것으로 그만이니까."

학도 한마디 하였다.

"나는 나뭇가지에 집을 짓고 살지만 가지마다 다 집을 짓고 다니지는 않아. 집을 짓는 데는 꼭 한 가지만 필요한 것이니까."

이번에는 뱁새가 말하였다.

"나는 이 강가의 쑥대밭을 벗어나본 일이 없지. 뱁새인 나는 그럴 필요가 없으니까."

마지막으로 황새가 다시 말하였다.

"우리는 모두 그렇게 살아가고 있는 거야. 너는 뱁새로 살아가고 너는 오리로 살아가고 너는 학으로 살아가고 나는 황새로 살아가고 있는 것이지. 자기가 필요한 것이 무엇인지를 알고 살아간다는 것은 중요한 일이야. 그러나 사람들은 그렇지 않거든. 억지를 부리며 살아가지. 안 해도 될 일을 하고 안 만들어도 될 물건들을 만들고 안 가져도 될 것들을 가지려고 하거든. 그리고 무엇이나 많이 가지려고만 하지. 그럴 필요가 없는데도 말이야. 그것은 사람들이 무엇이 필요하고 필요하지 않은지를 모르고 살아가고 있기 때문이야. 그래서 필요하지도 않은, 정말 쓸모없는 것들을 만들어. 세상에는 그런 물건들로 넘쳐나고 있지. 그 넘쳐나는 물건들이 쓰레기밭을 만들고 땅을 썩게 하고 강을 오염시키고 공기를 더럽히고 지구를 병들게 하고 있지. 자기에게 정말 필요한 것이 무엇인지를 알아서 필요한 만큼만 가지고 살아가면 이런 일은 없을 텐데.”

“그렇고말고. 사람이 살아가는 방법을 모르고 있다는 것은 슬픈 일이야. 이제는 이 강물에도 고기가 살고 있지 않아.”

오리가 이렇게 말을 하고는 먼 하늘을 바라보고 한숨을 지었다. 그는 아까부터 물가에 나와 있었으나 고기 한 마리도 잡아먹지 못하였던 것이다.

“그렇군. 물가에서 무슨 냄새가 나고 있는 것 같군. 이 강도 이제는 죽어가고 있는 거야.”

황새는 킁킁거리며 냄새를 맡았다. 물에서는 정말 썩은 냄새가 나고 있었다.

“공장에서 폐수를 마구 쏟아내고 있는 때문이야.”

뱁새가 그 까닭을 안다는 듯이 말하였다. 검은 연기가 치솟고 있는 공장 굴뚝이 멀리 보였다. 그곳은 얼마 전까지만 해도 많은 새들이 마음껏 노닐 수 있었던 수림이었다. 그러던 것이 어느 날 기계가 들어오고 땅을 파헤치고 공장이 들어서더니 주위가 온통 쓰레기로 뒤덮여버렸던 것이다.

"저 공장에서도 필요한 물건을 만들고 있는 것 같지는 않군."

오리가 말하였다.

"정말 필요한 것이 무엇인지 사람들은 모르고 있는 거야. 그것을 모르고 살아간다는 것은 불행한 일이지. 슬픈 일이고."

황새는 이렇게 말하였다.

"사람들은 모두 멍청이들이야."

이것은 뱁새의 말이었다. 공장 굴뚝에서는 아까보다 더 많은 연기가 하늘로 치솟고 있었다. 학이 한발 나서면서 말했다.

"우리도 이제는 이 강을 떠나야 할 것 같군."

그 말에 모두들 입을 다물고 숙연해지고 말았다.

하루살이와 거북이의
대화

낮에만 살다 가는 하루살이가 하루는 쓰르라미를 찾아갔다.

"밤이 있다고 하는데 너는 그것을 알고 있니? 밤을 나에게 설명해줄 수 있겠니?"

쓰르라미가 말했다.

"그렇군. 너는 밤을 모르겠구나. 내가 설명해줄 수 있지. 그것은 말이야, 밤은 어둡지."

하루살이가 다시 물었다.

"어둡다는 게 뭐야?"

쓰르라미가 말했다.

"어둡다는 것은 말이야. 캄캄하여 아무것도 보이지 않는다는 뜻이지. 나무도 풀도 꽃도 보이지 않아. 너도 보이지 않고. 물론 낮에만 살다 가는 너는 밤이 되면 없으니까 보일 리가 없지. 그렇지만 살아 있는 나도 밤에는 나를 볼 수 없단 말이야."

쓰르라미는 어둠에 대해서 열심히 설명하였다.

"그럼 무엇이 보이는 거야?"

하고 하루살이는 또 물었다.

"밤에는 아무것도 보이지 않지. 위도 아래도 앞도 뒤도 도무지 분별이라는 것이 없어."

하고 쓰르라미가 말하였다.

"그러니까 밤은 아무것도 없는 것이구나."

하루살이는 알겠다는 듯이 말하였다.

"아니야. 그렇지 않아. 보이지 않는다고 없는 것은 아니야."

쓰르라미는 하루살이가 잘못 알고 있다는 생각이 들어 이렇게 말하였다.

"보이지 않는다고 없는 것은 아니라고?"

"그렇다니까."

"그럼 너는 지금 나를 속이고 있는 거야. 보이지 않는 것이 어떻게 있을 수 있니? 마치 너는 밤을 본 것처럼 이야기하고 있구나."

쓰르라미는 하루살이의 말에 얼른 대답할 말이 생각나지 않았다. 그래서 다음과 같이 말했다.

"나는 어젯밤에도 있었거든."

그러자 하루살이는 또 이렇게 말하였다.

"너는 어젯밤에 있었던 것이 아니야. 너도 네 몸을 볼 수 없다고 하지 않았니? 그러니까 너는 어젯밤에 없었던 거야. 너는 오늘에만 있는 거야."

"그렇지 않다니까. 나는 어제 낮에도 있었고 밤에도 있었던 거야."

그러나 쓰르라미는 이렇게밖에는 더 설명할 수가 없었다.

"어제 같은 건 없어. 늘 오늘만 있는 거야."

하루살이는 이렇게 말하였다.

"어제는 없다고?"

"그렇다니까. 있는 것은 늘 오늘만이야. 너는 지금 없는 것을 이야기하고 있는 거야."

하루살이는 점점 더 이상한 말만 하고 있었다.

그리하여 쓰르라미는 밤에 대해서 더 설명하지 못했고, 하루살이는 끝내 밤을 이해하지 못했다.

쓰르라미는 쑥대 사이를 날아다니고 있는 뱁새를 만났다.

"겨울이 있다고 하는데 너는 그것을 알고 있니? 겨울을 나에게 설명해줄 수 있겠니?"

쓰르라미는 뱁새를 보고 이렇게 말하였다.

"그렇군. 너는 겨울을 모르겠구나. 내가 설명해줄 수 있지. 그것은 말이야, 겨울은 춥지."

하고 뱁새는 말했다.

"춥다는 게 뭐야?"

쓰르라미는 또 이렇게 물었다.

"눈이 오고 얼음이 얼지. 그러면 풀이나 꽃, 나무들은 다 말라 죽지. 너도 있으면 얼어 죽을 거야. 그렇지만 너는 여름만 살다 가니까 그럴 염려는 없겠군."

하고 뱁새는 춥다는 것에 대한 설명을 하였다.

"너는 안 죽어?"

쓰르라미가 말했다.

"물론이야. 눈이 올 때는 배가 조금 고플 때도 있지만 견딜 수 있어. 나는 죽지 않아."

"그럼 풀이랑 꽃이랑 죽는 것이 추운 거야?"

"그렇다니까"

쓰르라미는 한참 생각하는 듯하더니 다시 물었다.

"눈이 온다는 건 뭐야? 얼음이 언다는 건 또 뭐고?"

"눈이 온다는 건 하늘에서 하얀 꽃송이가 떨어지는 거야. 그리고 얼음이 언다는 건 물이 흐르지 않고 머물러 굳어버리는 거야. 딱딱한 차돌처럼. 유리를 깔아놓은 것 같을 때도 있지. 그 위를 걸어 다닐 수도 있어. 그렇지만 조심해야 해. 아주 미끄럽거든"

뱁새는 눈과 얼음에 대해서 열심히 설명을 하였다.

"그렇지만 그것이 왜 겨울이야? 왜 추운 거고?"

"풀과 나무가 다 얼어 죽으니까. 얼음이 얼고."

그러나 쓰르라미는 뱁새의 말을 한마디도 알아듣지 못했다는 듯이 말하였다.

　　"너는 지금 나에게 거짓말을 하고 있는 거야. 하늘에서 하얀 꽃송이가 떨어지는데 왜 춥다는 거지. 그리고 물이 흐르지 않고 딱딱한 돌덩이가 된다는 것도 말이 안 돼. 누가 그 말을 믿을 수 있겠니? 설사 믿는다 하더라도 너는 지금까지 겨울이라는 것에 대해서는 아무것도 말하지 않았어."

　　"그것이 겨울이라니까."

　　뱁새는 쓰르라미가 알아듣지 못하고 있는 것이 몹시 답답했지만 이렇게밖에는 말할 수가 없었다.

　　그러자 이번에는 쓰르라미가 더욱 이상한 말을 했다.

　　"겨울은 없어. 너는 지금 없는 것을 겨울이라고 말하고 있는 거야."

　　뱁새는 더 이상 설명하지 못했고, 쓰르라미는 끝내 겨울을 이해하지 못했다.

　　뱁새는 물가에 나와 앉아 있는 거북이를 찾아갔다.

　　"사람들은 모두 너만큼 오래 살기를 원한다고 하는데 너는 나이가 몇 살이나 되는 거니?"

　　하고 뱁새는 거북이에게 물었다.

　　"나는 나이가 없어."

　　하고 거북이는 덤덤하게 말했다.

"오래 살면서 나이가 없다고?"

하고 뱁새가 물었다.

"나는 언제 태어났는지도 모르고 나이도 몰라."

"그러니까 너는 나이가 없는 것이 아니라 나이를 모르고 있는 거야."

"모르는 것은 결국 없는 거야."

"그건 거북이 말이 옳아. 모르는 것은 없는 거야."

그때 하루살이가 언제 왔는지 그들에게 끼어들면서 말하였다. 쓰르라미도 옆에 함께 와 있었다. 하루살이는 말을 계속 했다.

"나이는 원래 없는 거야. 있는 것은 오늘만 있거든. 어제는 지나가 없고, 내일은 오지 않아 없지. 있는 것은 오직 오늘 하루만 있는 거야. 오늘 하루만 있는데 거기에 무슨 나이가 있겠어. 나이는 없는 거야."

하루살이는 목이 마른지 침을 한번 삼키고 나서 다시 말을 했다.

"나이는 살아버린 삶이지. 써버린 돈과 같이. 써버린 돈이 없는 것처럼 살아버린 삶은 없는 거야. 있는 삶은 언제나 오늘 하루만 있지. 우리 모두는 그 오늘 하루를 살아가고 있을 뿐이야. 그러므로 누가 더 오래 살고 살지 않는 것이 없지. 나이 같은 건 실제로는 없는 것이니까 말이야."

모두들 하루살이의 말을 경청하고 있었다. 한참 있다가 쓰르라미가 한발 앞으로 나서면서 말했다.

"아무리 그렇더라도 모르는 것을 없다고 하는 것은 무리야."

하루살이가 아까 밤이 없다고 한 것은 아무래도 이해가 되지 않았기 때문이었다.

"너는 겨울이 없다고 하지 않았니?"

뱁새가 옆에 있다가 쓰르라미를 보고 말했다. 너도 겨울을 모르고 있으니까 없다고 하지 않았느냐는 뜻이었다.

"밤은 있지만 겨울은 없단 말이야. 너는 아까 풀이니 꽃이니 눈이니 얼음이니 하는 것들만 이야기했지 겨울을 한마디도 설명하지 않았거든. 그것은 겨울이 없으니까 설명하지 못했던 거야."

쓰르라미는 뱁새에게 대들 듯이 말하였다. 쓰르라미도 하루살이에게 밤을 설명하지 못한 것은 마찬가지였다.

"너는 겨울이 춥다는 것을 모르니 답답하구나."

뱁새는 가슴을 치면서 말했다.

지금까지 가만히 듣고 있던 거북이가 조심스럽게 입을 열었다.

"아무래도 이것은 생각을 좀 깊이 해봐야 할 것 같군. 이러다가는 사람들처럼 없는 것을 붙들고 엉터리 삶을 살아갈 수도 있을 테니까 말이야."

그리고 눈을 껌뻑거리며 머리를 한번 갸우뚱하더니 거북이가 다시 말했다.

"하루살이 너는 밤이 없다고 했다지. 쓰르라미는 겨울이 없다고 말하고, 그리고 나는 나이가 없다고 말했어. 그러니까 없는 것이 아니라 모르고 있는 것이라고 했지."

"그랬지. 우리들은 모두 그렇게 말했어."

하루살이, 쓰르라미 뱁새, 모두가 그것을 수긍하였다.

"하지만 쓰르라미는 없는 밤을 있다고 말하고 뱁새 너는 없는 겨울을 있다고 생각하는 것은 아닐까?"

"절대 그렇지 않아. 하루살이가 모른다 해도 밤은 분명코 있어."

하고 쓰르라미가 말했다.

"쓰르라미가 모른다 해도 겨울은 틀림없이 있지. 눈이 오고 얼음이 얼거든."

뱁새가 말했다.

"그럼 하루살이는 밤이 없다고 말하고 쓰르라미 너는 겨울이 없다고 하는 것은 어떻게 된 걸까?"

"밤이 없다고 하는 말도 맞고 겨울이 없다고 하는 말도 옳아."

하고 하루살이가 말했다.

"아니야. 겨울이 없다는 말은 맞지만 밤이 없다고 하는 말은 옳지 않아."

쓰르라미의 말이었다. 쓰르라미에게는 확실히 밤이 있기 때문이었다.

"하루살이도 틀렸고 쓰르라미 너도 틀렸어. 겨울은 분명히 있는 거니까."

뱁새는 또 이렇게 말하였다.

거북이가 다시 말하였다.

"아까 나는 나이가 없다는 말을 했지. 그러니까 뱁새 너는 없는 것이 아니라 단지 나이를 모를 뿐이라고 했어. 나는 다시 모르는 것은 없는 것이라고 말을 했고, 그러자 하루살이 너는 옆에 있다가 내 말이 옳다고 동의를 했지. 그리고 나중에 하루살이가 나이에 대해서 하는 말을 다 듣고 나서 쓰르라미 너는 그래도 모르는 것을 없는 것이라고 하는 것은 무리라고 이의를 제기했어. 뱁새가 나더러 나이는 없는 것이 아니라 단지 모르고 있을 뿐이라고 한 것도 쓰르라미와 같은 생각일 거라고 짐작해."

"그렇다니까 모른다고 없다고 할 수는 없어. 하루살이가 밤을 모른다고 해도 밤은 있는 거니까."

쓰르라미가 이렇게 말을 하자 옆에 있던 뱁새는 또 이렇게 말을 했다.

"쓰르라미가 겨울을 모른다 해도 겨울은 분명 있어."

그때 눈을 껌뻑거리고 있던 거북이가 조심스럽게 입을 열어 다음과 같은 말을 했다.

"그렇지만 쓰르라미의 말이나 뱁새의 말이 모두 모르는 것이 있다는 주장을 확실히 하기에는 어딘지 충분하지 않다는 생각이 드는군.”

그리고 잠시 말을 끊었다가 다시 이어갔다.

“쓰르라미가 밤이 있다고 주장하는 것은 밤을 알기 때문일 거야. 그렇지 않니? 모른다면 밤이 있다고 그렇게 자신 있게 말할 수 없겠지. 뱁새도 겨울이 있다고 하는 것은 겨울을 알고 있기 때문일 거야. 모른다면 겨울이 있다고 주장할 수 없을 거야. 그러니까 하루살이가 밤을 없는 것이라고 하는 주장을 부정하기는 힘들지. 밤을 모르고 있으니까 당연한 거야. 겨울도 마찬가지지. 쓰르라미에게는 밤이 있지만 겨울이 없다는 것은 부정할 수 없지. 밤은 알지만 겨울은 모르고 있으니까 당연하지. 그러므로 모르는 것도 있다고 하는 것은 모르는 자에게 해당되는 말은 아닌 것 같군. 그렇지 않은가? 밤은 쓰르라미에게는 있지만 하루살이에게도 있다고 할 수는 없지. 겨울은 뱁새에게는 있지만 쓰르라미에게도 있다고 할 수는 없지. 누구에게나 다 있고 누구에게나 다 없는 그런 일은 있을 것 같지 않군. 그러한 것이 꼭 필요할 것 같지도 않고.”

거북이의 말은 퍽 진지하였다. 그래서인지 모두들 그 말을 듣기만 하고 말이 없었다.

“그럼 나이는 어떻게 되는 거지?”

그때 뱁새가 이렇게 물었다. 그것은 한참이나 시간이 흐른 뒤였다.

“글쎄, 아마 너에게는 나이가 있을 거야. 너는 네 나이를 알고 있는 것 같으니까. 그러나 나는 내 나이를 모르거든, 그러니까 내게는 없다고 해야겠지. 실제로 나는 나이 같은 건 생각해본 일이 없으니까."

하고 거북이가 말하였다.

"아니야. 뱁새 너도 나이는 없어. 아까도 말했지만 우리는 모두 언제나 오늘 하루를 살아가고 있는 것이니까. 나이는 몰라서만 없는 것이 아니야."

하루살이가 반론을 제기했다.

"그렇군. 나이는 좀 다른 것 같기는 하군."

거북이는 하루살이의 의견을 받아들인다는 뜻으로 말을 했다.

"그러면 뭐야? 우리는 모두 동갑내기들이군, 안 그래?"

누군가 이렇게 말을 하자 모두들 하하 웃었다. 그리고 즐겁게 헤어졌다.

그러나 하루살이도 쓰르라미도 뱁새도 그리고 거북이도 각자 돌아가면서 다음과 같은 생각을 마음속에서 아주 지워버리지는 못하였다.

"정말 모르는 것은 없는 것인가?"

하루살이와 모기의
대화

거북이를 만나고 돌아온 하루살이는 친구 하루살이들에게
다음과 같이 말했습니다.

　"우리는 오래 살고 있는 거야. 오래 살고 있는 거라고."

　하루살이는 조금 흥분해 있었습니다. 거북이에게 동갑내기
라는 말을 들은 때문입니다. 그러나 친구들은 그의 말을 믿으려
하지 않았습니다.

　"무슨 소리를 하고 있는 거야? 우리는 하루살이라고!"

　하루살이는 하루밖에 살지 못합니다. 하루살이라 하는 까닭
은 바로 그 때문입니다. 그런데 오래 산다고 말하고 있으니 어
떻게 믿을 수 있겠습니까? 그러나 하루살이는 친구들에게 다시
말했습니다.

"우리는 거북이만큼 오래 살고 있는 거라고!"

그는 쓰르라미 그리고 뱁새와 함께 방금 거북이를 만나고 오는 길이라고 했습니다. 그리고 거북이는 쓰르라미와 뱁새와 하루살이가 모두 동갑내기라는 말을 했다고 했습니다.

"거북이가 정말 그런 말을 했다고?"

한 친구가 물었습니다. 동갑내기라는 말을 했다는 것이 믿기지 않았습니다.

"그렇다니까. 거북이는 나이가 없다는 말도 했거든."

거북이는 분명히 그런 말도 했습니다.

"나이가 없다면 우리와 같을 수도 있겠군."

또 한 친구의 말이었습니다. 하루를 살고 가는 하루살이는 나이가 없었습니다. 나이가 없다면 거북이가 자기들과 다를 것이 없다는 생각이 들었기 때문입니다.

"그렇지 않아. 거북이는 천년을 살고 있는 거야. 우리와는 다르다고."

그러나 친구 하나는 이렇게 말했습니다. 나이가 없다고 말했다 하더라도 자기들이 거북이와 같다고 할 수는 없다는 것이었습니다.

"그러니까 우리도 천년을 살고 있는 거야. 거북이만큼 오래 사는 거라고."

거북이를 만나고 온 하루살이의 말이었습니다.

"우리가 천년을 살고 있는 거라고?"

"그렇다니까. 우리는 거북이와 동갑내기거든."

"아무리 그렇더라도 우리는 하루를 살고 있는 거야. 어떻게 천년을 산다고 하겠어?

"우리가 사는 하루가 천년이야."

거북이를 만나고 온 하루살이는 더욱 이상한 말을 했습니다. 친구 하루살이들은 모두 어이가 없었습니다. 그러나 그는 다시 이렇게 말했습니다.

"백년을 살아도 사는 것은 우리가 사는 오늘을 살고, 천년을 살아도 사는 것은 우리가 사는 오늘을 살고 있는 거야. 조금도 이상할 것이 없다고."

"그렇게 말했어?"

"거북이가 그런 말을 하지는 않았어. 그는 그냥 나이가 없다고 말했지."

"그러니까 그것은 거북이의 말이 아니라 네 생각이라는 것이군."

"그렇지만 거북이는 내 생각이 옳다고 했거든. 사는 것은 모두 오늘을 사는 것이라고. 그래서 동갑내기라고 했거든."

"아무리 그렇더라도 우리가 사는 하루가 천년일 수는 없는 거야."

친구는 그의 생각을 도저히 받아들일 수 없다는 말을 했습니다. 그러나 거북이를 만나고 온 하루살이는 한참이나 있다가 이렇게 말했습니다.

"너는 나이를 어떻게 생각하니? 나이가 많으면 오래 산다고 생각하니?"

"물론이야. 나이가 백 살이면 백년을 사는 거구. 나이가 천 살이면 천년을 사는 거라고."

"그렇지 않아! 나이는 살아버리고 없는 지나간 시간을 말하고 있는 거야. 살아버린 삶이라고 할 수 있지. 지나가고 없는 시간이 아무리 많은들, 무슨 소용이 있겠어? 있는 것은 오늘만이 있는 거야. 우리가 사는 하루가 바로 그 오늘이거든. 나이가 많아도 오래 사는 것이 아니야."

"그래서 거북이가 동갑내기라고 한 것이군."

지금까지 말을 하지 않고 있던 하루살이가 한마디 했습니다. 코언저리가 빨간 하루살이였습니다.

"그렇다고 우리가 오래 산다고 할 수는 없는 거야."

하루가 천년일 수는 없다고 하던 하루살이였습니다.

"나도 처음엔 그렇게 생각했지. 오래 산다는 생각을 못했어. 그냥 오늘을 사는 것이라고만 생각하고 있었지. 그런데 거북이와 동갑내기라는 말을 듣고는 갑자기 우리도 오래 사는 것이라는 생각이 들더군."

"그러니까 오래 사는 것은 나이가 아니로군. 오늘을 사는 것이 오래 사는 것이로군."

한 친구가 말했습니다. 그러자 또 한 친구는 이렇게 말했습니다.

"그렇군. 백년을 살아도 사는 것은 오늘을 사는 것이고 천년을 살아도 사는 것은 오늘을 사는 것이군."

"그러니까 백년도 오늘에 있고 천년도 오늘에 있다고 할 수 있겠군."

이번에는 코언저리가 빨간 하루살이가 말했습니다.

"그렇다고 할 수 있지. 오늘을 산다는 것은 누구에게나 정말 중요한 것이야."

이것은 거북이를 만나고 온 하루살이의 말이었습니다. 그리하여 하루살이들은 모두 자기가 오래 살고 있는 것이라는 생각을 하게 되었습니다.

하루살이들은 지금까지 자기가 오래 사는지 오래 살지 않는지를 한 번도 생각해본 일이 없었습니다. 하루가 무엇인지 얼마나 긴 세월인지도 알지 못하고 살았습니다. 그러나 이제 거북이와 동갑내기라는 말을 듣고, 그리고 오래 살고 있다는 생각을 하게 되자 왠지 하루가 점점 지루하다는 마음이 들기 시작했습니다. 하루살이 하나가 옆에서 하품을 했습니다. 그러자 다른 하루살이들도 따라 하품을 했습니다.

그때 망아지 콧등에 앉아 피를 빨아먹고 있던 모기가 날아 왔습니다. 그리고 하루살이에게 말했습니다.

"너희들은 정말 한심하군. 하루밖에 살지를 못하면서 하품을 하고 시간을 낭비하고 있다니.

하품은 할 일 없이 빈둥거리며 지내는 게으름뱅이나 하는 것이라는 비난이었습니다. 그 말을 듣고 하루살이 하나가 말했습니다.

"우리는 오래 살고 있거든. 그래서 좀 지루했을 뿐이야."

모기는 어이가 없었습니다. 그리하여 더는 말을 하지 않고 다시 돌아갔습니다. 망아지가 있는 곳으로 날아온 모기는 망아지 콧등에 앉으려다가 등에(파리 종류)가 있는 것을 보고는 그에게로 다가갔습니다. 등에는 망아지의 눈썹 아래 앉아 있었습니다.

"너는 살아가는 일이 지루할 때가 있니?"

모기는 하루살이가 하품을 하고 있더라는 말은 하지 않고 이렇게 물었습니다.

"나는 그렇게 한가하지 않아. 조금 전에 엉덩이에 앉았다가 꼬리를 치는 바람에 죽을 고비를 넘겼지. 지금도 눈망울을 꿈벅거리며 계속 나를 위협하고 있는 거야. 잠시라도 경계를 늦추면 언제 낭패를 당할지 모른다고. 늘 긴장 속에 살아야 하는데 어떻게 지루할 시간이 있겠니?"

등에는 망아지가 움직일 때마다 연신 날개를 접었다 폈다 하면서 말했습니다.

"그럼 너는 하품을 하는 일은 없겠군!"

모기는 이번에도 하루살이를 만났다는 이야기는 하지 않았습니다.

"여기 이렇게 눈썹 아래 앉아 있을 때는 조금 마음을 놓을 수가 있지. 그렇다고 방심할 수 있는 것은 아니야. 망아지는 갑자기 머리를 미친 듯이 흔들 때가 있거든. 그럴 때는 어지러워 땅바닥에 나가떨어질 수가 있지. 언제나 조심해야 해. 언제 하품할 시간이 있겠니?"

등에는 그런 한가한 소리는 하지 말라는 것이었습니다.

"그래도 너는 사람 곁으로는 날아가지 않으니 다행이야. 사람은 정말 무섭다고. 얼굴이나 손등에 잘못 앉았다가는 느닷없이 내려치는 손바닥에 영락없이 죽음을 당하지. 그것은 정말 누구도 피할 수 없을 거야. 내가 망아지 콧등에 앉아 있는 것은 그때문이야. 사람의 콧등보다는 안전하거든."

모기는 자기도 늘 긴장 속에 살아간다는 말을 했습니다.

그때 저만큼 어미 말 하나가 걸어오고 있었습니다. 망아지는 어미 말을 보고는 젖을 먹으려는지 갑자기 달려갔습니다. 그 바람에 망아지 볼에 붙어 있던 모기와 등에는 그만 곤두박질치며 땅바닥에 나뒹굴었습니다. 그 광경을 보고 하루살이가 깔깔거리고 웃어댔습니다. 그리고 다음과 같은 조롱을 했습니다.

"너희들은 정말 바보 멍청이군. 그러다가는 오늘을 다 살지 못하고 갈지도 모르겠군."

모기와 등에는 마음이 몹시 상했습니다. 하루살이 앞에서 망신을 당한 것이 화가 나기도 했습니다. 모기는 재빨리 몸을 일으켰습니다. 등에는 땅바닥에서 아직 일어나지 못하고 있었습니다. 모기는 등에가 있는 곳으로 기어가며 말했습니다.

"저들이 우리를 비웃고 있는 거야. 창피하군."

하루살이에게 우스운 꼴을 보인 것이 분하다는 말투였습니다. 등에는 넘어진 채로 가물가물 하늘을 날고 있는 하루살이를 올려다보았습니다. 가볍게 날고 있었습니다.

"하루살이는 우리들처럼 땅바닥에 나뒹구는 일은 없겠군."

등에는 하루살이가 부럽다는 듯이 말을 했습니다. 모기는 다리에 쥐가 올랐는지 몸을 한 번 바르르 떨고는 주저앉았다가 다시 일어났습니다.

"그렇지만 하루살이는 하루밖에 살지를 못한다고. 그런데도 조금 전에는 하품을 하고 있더라니까."

모기는 몹시 뒤틀린 말투로 조금 전에 하루살이를 만났던 이야기를 했습니다. 바보처럼 자기들이 오래 살고 있는 줄 알더라는 말도 했습니다. 등에는 아직도 불편한지 날개만 접었다 폈다 반복하고 있었습니다. 모기는 다시 말했습니다.

"하루는 정말 짧은 시간이야. 하루살이는 그것을 모르고 있더라고. 우리가 오래 사는 것을 알면 자기들이 얼마나 한심한지 알 거야."

"물론 우리는 하루살이보다는 오래 살지. 그러나 하루살이가 오래 산다는 말을 했다면 우리의 하루하고 다른지도 모르겠군."

등에는 그제야 괜찮아진 듯이 일어나 앉으며 말했습니다.

그때 하루살이 하나가 그들에게로 왔습니다. 거북이를 만났던 바로 그 하루살이였습니다. 코언저리가 빨간 하루살이도 뒤

210

따라 왔습니다.

"너희들은 사는 것이 무엇인지를 모르고 있군."

하고 먼저 온 하루살이가 말했습니다. 그는 모기와 등에가 주고받는 말을 듣고 있었던 모양입니다.

"무엇을 모른다고 하는지 모르겠군. 우리는 오래 사는 거야. 어제도 살고 내일도 살고 있는 거야!"

모기가 말하자 등에도 옆에서 한마디 했습니다.

"그렇지. 우리는 오래 살고 있는 거라고."

"우리도 오래 살고 있는 거야."

코언저리가 빨간 하루살이가 말했습니다. 그러나 거북이를 만나고 온 하루살이는 이렇게 물었습니다.

"너는 어제가 있다고 생각하고 있는 거니?"

"그럼 너는 어제가 있는 줄도 모른다는 말이니?"

모기가 어이가 없다는 듯이 말했습니다.

"그럼 내일도 있다고 생각하겠구나."

"정말 멍청이로군. 너는 내일이 있는 줄도 모르고 있다는 말이군."

그러나 아무 말도 하지 않고 이번에는 등에를 향해 하루살이는 다시 물었습니다.

"너도 어제가 있고 내일이 있다고 생각하니?"

"그러면 너는 오늘만 있다는 거니?"

등에는 대답 대신 이렇게 되물었습니다. 그러자 코언저리가 빨간 하루살이가 나서면서 말했습니다.

"그렇다고. 오늘만 있는 거라고."

그 말을 듣고 모기가 말했습니다.

"하루를 살고 가는 네가 어떻게 어제가 있고 내일이 있다는 것을 알 수 있겠니?"

아주 무시하는 말투였습니다.

"하기는 그럴 수도 있겠군. 하루를 사는 것이 전부라면 어제와 내일이 하루살이에게는 해당되는 것이 아닐 수도 있겠군."

하고 등에가 모기의 편을 들면서 말했습니다.

"그렇지 않아. 어제와 내일은 너희들에게도 없는 거야."

코언저리가 빨간 하루살이가 말했습니다. 그러자 거북이를 만나고 온 하루살이는 이렇게 물었습니다.

"어제는 지나간 날이라고 생각하지 않니?"

"그야 물론 어제는 지나간 날이지."

하고 등에가 대답했습니다.

"지나간 것도 있는 것이라고 생각하니?"

"…"

등에는 말을 하지 못했습니다. 하루살이는 또 물었습니다.

"내일은 아직 오지 않은 날이라고 생각하지 않니?"

"물론 그렇게 생각해. 내일은 오지 않은 날이지."

"그러면 어떻게 생각하니? 내일은 오지 않았는데도 있는 것이니?"

"…"

등에는 이번에도 말을 하지 못했습니다. 모기도 옆에서 씰룩거리기만 할 뿐 말을 하지 못했습니다. 하루살이는 잠시 입을 다물었다가 다시 말을 했습니다.

"우리는 모두 어제를 살고 내일을 살고 있는 것이 아니야. 어제는 지나가서 없고 내일은 오지 않아 없는 날이거든. 없는 날에 어떻게 살 수 있겠니? 사는 것은 누구나 오늘을 사는 거야. 오늘만이 있는 날이거든."

모기와 등에는 여전히 말을 하지 않고 있었습니다. 그러나 마음속에는 약간의 혼란이 일어나고 있는 것 같았습니다. 하루살이는 그들의 표정을 살피면서 다시 말했습니다.

"우리는 어제를 끌어다 살 수 있는 것도 아니요, 내일을 잡아당겨 사는 것도 아니야. 사는 것은 누구나 오늘을 살고 있을 뿐인데, 그 오늘에 무슨 오래 살고 오래 살지 않는 것이 있을 수 있겠니?"

"그러나 거북이와 동갑내기라면, 우리도 오래 산다고 할 수 있는 거야."

옆에 있던 다른 하루살이가 말했습니다. 모기와 등에는 할 말을 잃었습니다.

하루살이가 간 다음 모기와 등에는 마구간 옆에 있는 돼지우리로 갔습니다. 돼지우리에는 여러 마리의 이(蝨)들이 돼지 사타구니에 붙어 살을 뜯어먹고 있었습니다. 모기와 등에가 다가 오는 것을 보고 이 한 마리가 고개를 들고 말했습니다.

"우리는 너희들처럼 땅바닥에 곤두박질칠 일은 없지. 뒷다리 사이에 있는 돼지의 사타구니는 어떤 위험도 없는 아주 안전한 곳이거든! 그리고 말랑말랑한 살점을 마음껏 뜯어먹을 수 있는 거야. 우리는 늘 배부르게 살아갈 수 있지!"

그러나 이렇게 자랑을 하던 이들은 어느 날 돼지를 잡아 통째로 불에 그슬리는 일을 당하자 기어 나올 틈도 없이 그대로 타 죽는 신세가 되고 말았습니다. 등에가 그것을 보고 이런 말을 했습니다.

"명을 다하고 죽는 것은 정말 쉬운 일이 아니로군!"

그리고 산다는 것을 생각했습니다. 사는 것은 누구나 오늘을 사는 것이라는 하루살이의 말을 생각했습니다. 아무리 오래 살더라도 오늘을 사는 것이 아니라면 그 삶이 무슨 소용이 있으랴! 그는 혼잣말처럼 또 이렇게 말했습니다.

"오늘을 사는 것은 정말 중요한 일이군! 하루살이는 오래 사는 것인지도 모를 일이야!"

등에의 말을 듣고도 옆에서 모기는 아무 말도 하지 않았습니다. 모기가 어떤 생각을 하고 있는지는 알 수가 없었습니다.

부록

테레사 수녀와 하나님 그리고 철학하는 사람과 진리
—하나님과 진리—

고대 동양 철인들이 생각한 우주론
—동양 우주론과 블랙홀—

한국사상과 풍류
—노래와 춤—

테레사 수녀와 하나님
그리고 철학하는 사람과 진리

―하나님과 진리―

1. 하나님

테레사 수녀가 선종하기 얼마 전 "어디에도 하나님(하느님)은 없었다"라는 말을 하여 종교계에 잔잔한 파문을 던진 일이 있다. 성직자요 성녀로 추앙받는 수녀의 말이라는 점에서 더욱 그러하였다. 그러나 필자에게는 그 말처럼 진솔하게 마음에 와 닿는 일도 없었다. 솔직한 고백이라는 생각이 들었기 때문이다. 이제 테레사 수녀를 생각하면서 하나님에 대한 생각을 해보고자 한다.

우선 다음과 같은 말을 던져 놓고 이야기를 시작해보기로 한다.

만물을 하나님이 창조했고
하나님은 인간이 창조했다

이 말은 테레사 수녀가 "하나님(하느님)은 그 어디에도 없었
다"라고 한 말을 필자가 이해의 차원에서 달리 표현해본 말이
다. 여기서 "하나님은 인간이 창조했다"는 것은 하나님은 실제
로 있는 것이 아니라 인간이 생각으로 만들어냄(창조)으로서 있
게 된 사념적 존재라는 말이다. 실재사실로 있는 존재가 아니라
생각으로만 있는 존재라는 말이다. 하나님은 실재하지 않는다
는 말이다. 없다는 것이다.

하나님은 실재하는 존재가 아니라 인간이 만들어낸(창조한)
관념적 존재다. 하나님이 인간을 창조한 것이 아니라 인간이 하
나님을 창조한 것이다. 하나님이 만물을 창조했다는 그 하나님
말이다.

인간은 왜 그러한 하나님을 생각해내고 창조했을까. 그것은
모든 존재자, 만물의 시원·근원·원인을 생각하는 데서 비롯하
였을 것이다. 또는 눈앞에서 벌어지고 마주서는 복잡한 존재현
상을 설명하고 이해하려는 데서 비롯하였을 것이다. 아니 그보
다는 오히려 인간의 삶의 문제가 더 중요해 그리했을지도 모른
다. 우수·사려에 파묻혀 살아가고 있는 인생, 고달프고 힘든 삶
에서 의지하고 기댈 언덕과 엄마의 품 같은 위안 받을 안식처가
되어줄 존재자가 필요했을 것이다. 그러한 존재자가 있어야겠

다는 생각에서 만들어진 존재가 하나님일 것이다. 그러므로 하나님은 실재하는 사실적 존재가 아니라 "있어야겠다"는 요청적 존재로서 있게 된 것이라고 할 수 있다.

그러한 하나님은 전지전능한 존재자라야 했고 만물을 창조하고 이루고 주관하는 존재자라야 했고 대상의 어느 것 하나 그의 뜻에 의해 존재하고 이루어지지 않는 것이 없다는 절대적 존재자라야 했다. 그러한 요청적 존재자로서 있게 된 것이 하나님이다. 그러한 하나님이 있게 되자 그 앞에서 인간사는 물론 어느 것 하나 설명되지 않고 이해되지 않는 것이 없었다.

모든 것은 하나님 뜻으로 존재하고 하나님 뜻으로 이루어진다. 길섶의 풀 한 포기도 하나님의 뜻으로 존재하고 꽃 한 송이가 피고 지는 것도 하나님의 뜻으로 그리되는 것이다. 하물며 인간이 살아가는 삶의 문제에 있어서 어느 무엇이 하나님의 뜻으로 이루어지지 않는 것이 있으랴. 태어나고 죽는 것도 하나님의 뜻이요, 하루하루 살아가는 삶이 인생이 모두 하나님 뜻 아닌 것이 없다. 이렇게 모든 것을 하나님의 뜻으로 돌릴 수 있게 되자 고달픈 인생을 살아가는 데 하나님은 의지하고 기댈 언덕이 되고 혹 잘못을 범하고 그르침이 있어도 위안 받을 수 있는 어머니 품 같은 안식처가 될 수 있었다.

이러한 생각과 마음 때문에 하나님은 "있어야겠다"는 요구성에서 생겨난 요청적 하나님이 아니라 실제로 있는 사실적 실재자로서 하나님이 있게 되었다. 관념 속에 있는 허상개념이 아니라 실재하는 사실개념으로 있게 된다는 말이다. 다시 말해서 하나님은 "있어야겠다"는 생각 속에서 만들어진 관념적 존재지만, 그 하나님은 다시 실질적으로 실재하는 사실존재여야만 했다. 그래야만 그것이 현실적으로 기대고 위안 받는 하나님의 품일 수 있기 때문이다. 바로 이렇게 하나님은 요청적 존재(관념적 존재)에서 실재하는 사실존재로 경배의 대상이 되는 하나님일 수 있었다. 또한 모든 것은 하나님의 뜻 아닌 것이 없다는 하나님의 섭리로서의 그 품에 안길 수 있었다. 하나님을 믿지 않을 수 없다는 신앙의 당위성도 가능해졌다.

모든 것은 하나님의 뜻으로 존재하고 이루어진다는 하나님의 섭리는 어느 무엇 하나 포섭되지 않는 것이 없다. 그 안에서 설명되고 이해되지 않는 것이 없고 그 안에서 풀어지고 해결되지 않는 문제가 없다.

모든 것은 하나님의 뜻이다. 하나님의 섭리를 믿어야 한다. 신앙이 믿음을 바탕으로 삼고 있는 까닭이 여기에 있다.

하나님은 만물을 창조하고
인간은 하나님을 창조했다

하나님이 있어
모든 핑계를 댈 수 있게 되고
모든 허물을 덮을 수 있게 되었다

세상 모든 것

하나님의 뜻 아님이 없으니

찾아오는 복록(福祿)도 당신의 뜻이요

죄악을 저지르는 것도

당신의 뜻으로 그리되는 것이다

인간은 못할 짓이 없으나

하나님 당신이 있어

그 책임을 면할 수 있으니

인간의 지혜는

당신을 창조하고 난 후

더 이상은 창조할 것이 없었다

하나님은

인간이 만들어 있게 된

가장 위대한 존재다

2. 진리

필자는 어떤 종교를 가지고 있는 사람이 아니다. 위에서 말하는 그런 하나님을 믿고 있는 사람도 아니다. 강단에서 철학강의를 하다가 물러나 지금은 그저 죽을 날을 기다리고 있는 늙은이라고나 할까. 그래서 지난날을 돌이켜보다가 이런 쓸데없는 생각을 해보는 것인지도 모른다. 사람이 죽을 때가 되면 그 말이 솔직해진다는 말이 있거니와 이제는 모든 마음의 억지를 조금은 덜어버리고 싶은 심정이라고나 할까. 굳이 구실을 붙인다면 그래서 붓을 든 것이라고 할 수 있다.

한 평생을 대학에서 보내면서 나는 무슨 말을 지껄이다 강단을 떠났는지, 진리를 입에 담으면서 그 진리가 무엇인지 알기나 하고 그랬는지, 철학강의를 했다는 것이 학생들에게 거짓말만 늘어놓다가 떠나온 것은 아닌지, 도대체 진리라는 것이 실재하기는 한 것인지, 있지도 않은 허상을 붙들고 한 번밖에 없는 소중한 인생을 다 허비하며 살아온 것이나 아닌지, 진리니 도니 태극이니 이(理)니 하는 것들이 실재하기는 한 것인지, 공자가 "아침에 도를 깨치면 저녁에 죽어도 여한이 없겠다(朝聞道夕死可矣)"고 한 그 도는 무엇을 말하며 있기나 한 걸 가지고 그리 말한 것인지, 성인(聖人)이 남기고 간 말들은 과연 소중하고 값진 것인지, "나이 마흔에 들어 불혹(不惑)에 이르렀다(四十而不惑)"는 말도 마음에 진솔하게 와 닿지 않는다. 그 이유는 무엇인가? 필자는 팔십에 가까워 죽음을 눈앞에 두고도 불혹은커녕 더 많은 유혹과 심적 흔들림 속에 곤두박질치고 있다. 이것은 또 어떻게 설명해야 할까?

성인들이 모두 쓸데없는 말들을 남기고 간 것은 아닌지, 성인이 아닌 사람에게서는 모두 실현 불가능한 것들, 아니 성인 자신에게서도 불가능했던 것을 늘어놓고 가능하다고 우기며 억지를 부리다 간 것은 아닌지, 그것도 아니라면 장자에 나오는 목수 작륜공(斲輪公)의 말처럼 정작 소중한 것은 자신이 죽을 때 다 가지고 가고 글자 속에 있는 것은 빈 껍데기 허상만을 남기고 간 것은 아닌지 모르겠다. 그들이 말한 것들은 어느 한 가지도 사실로 마주서는 것이 없으니 말이다. 나이가 들수록 생각은 더 많아지고 자살의 유혹도 젊었을 때보다 더 많은 손짓을 하고 있다는 것이 지금의 솔직한 심정이라고 하지 않을 수 없다.

이제는 조금은 솔직하고 싶다. 알지도 못하는 것을 안다고 우기지도 말고, 있지도 않은 것을 있다고 억지를 부리지도 말고, 마음을 가리고 숨기고 위장하고 꾸미고 살아온 모든 것에서 조금은 벗어나고 싶다. 발가벗고 싶다. 그러나 그리되지 않는 것은 무엇 때문인가? 먹물을 먹은 탓인가 아니면 본래 가지고 있는 인간의 한계 때문인가?

『성서』에는 아담과 하와가 동산에서 발가벗은 몸으로 살다가 이상한 열매 하나를 따먹고 부끄럼이 생겨 몸을 가렸다고 한다. 그 열매가 지혜를 말하는 것이라면, 인간의 타락은 지혜 곧 앎(지식)에서 비롯하는 것임을 말하고 있다고 하겠다.

노자에는 '박(樸)'이라는 말이 있다. 아무런 옷(꾸밈)도 입지 않은 발가벗은 몸(존재)을 가리킨다. 모든 허상을 벗어버린 알몸의 존재, 아무것도 가리지 않고 있는 사실 그대로 마주서는 존재, 실상 곧 자연(自然)을 말하는 것이지만, 마음의 억지와 거짓을 다 떨어버린 수수한 마음이라고 보아도 무방하다. 지혜와 지식을 통한 모든 허상과 꾸밈과 위장을 벗고 있는 사람의 마음이라고 해도 무방할 것이다. 또 앎을 버린 사람, 먹물을 먹지 않은 사람의 마음이라고도 할 수 있을 것이다.

지혜와 지식은 모든 사실을 가리고 진실을 덮어버린다. 그리고 온갖 거짓과 꾸밈과 허상을 만들어낸다. 그 허상을 누가 만들어내는가? 인간이 만들어낸다. 먹물을 먹은 사람이 만들어낸다. 그들은 있는 대로의 존재를 그냥 두지 않는다. 세상을 그르친다. 모든 잘못과 그르침은 이들 먹물을 먹은 사람, 안다는 사람, 지식을 가진 사람들이 저지르고 있다는 말이다. 이것은 오늘의 문명을 그런 시각에서 볼 수도 있다는 말이기도 하다. 문명이 인류에게 무엇을 가져다주었는가? 행복을 가져다주기는커녕 오히려 불행과 재앙을 가져다주고 있으니 말이다. 원(圓)을 그리려다 모(方)를 그린 격이라고 하지 않을 수 없다.

3. 허상

주평만(朱泙漫)이라는 사람이 있었다. 그는 지리익(支離益)이라는 사람에게 용요리(龍料理)를 배우느라고 가진 재물을 모두 탕진한 사람이다. 오랜 세월 끝에 그 어려운 요리방법을 터득하였으나 다 배우고 났을 때 그것은 세상에서 아무 쓸모가 없었다. 용요리를 찾는 사람도 없거니와 용은 잡을 수 있는 것도 아니었다.

장자에 나오는 이야기다. 허상을 붙들고 살아간 사람을 말하고 있는 것이라고 할 수 있다. 무엇이 허상인가. 용은 실재하지 않는다. 용요리도 실재하는 것이 아니다. 용과 용요리 같은 것이 바로 그 허상이다. 있지도 않은 것을 있다고 생각하고 그것에 매달리는 것을 허상에 매달린다고 하는 것이다. 필자도 그 주평만이라는 사람처럼 허상에 매달려 살아온 사람은 아니었던가 하는 생각을 해본다.

다시 말해서 철학에서 다루어지고 있는 진리라는 것들이 무엇인가? 있기나 한 것인가? 있지도 않은 것을 있는 것처럼 허상을 말하고 있는 것은 아닌가? 도(道)가 그렇고 태극이 그렇고 이(理)가 그렇다. 플라톤의 '이데아'도 마찬가지일 것이다. 도무지 있지도 않은 허상을 만들어놓고 그것에 매달리고 있는 것은 아닌지. 필자가 철학을 한다고 살아온 것이 용요리에 매달렸던 주평만이라는 사람처럼 아무 쓸모없는 것을 붙들고 살아온 것은 아닌지 하는 생각만 들 뿐이다.

잘 아는 친구 하나가 있다. 나이는 필자와 비슷하나 정년을 한참 앞당겨 직장을 물러난 친구다. 한학과 고전에 능한 친구다. 그 친구가 정년을 앞당겨 한 것은 그 이유가 죽기 전에 도를 닦아 깨쳐야겠다는 비장한 각오에서였다.

그의 지론은 도를 깨치는 데 있어서는 그 장소가 중요하다고 했다. 그리하여 그는 정년을 한 이튿날부터 그 장소를 찾아 나섰다. 그 친구의 성격으로 보아 아마도 우리나라 산천은 모두 찾아다녔을 것이다. 그러나 몇 년을 그러고 나서 하는 말이 우리나라에는 그런 곳이 없다고 했다. 그리고는 그 장소를 찾아 중국으로 들어가 그 넓은 대륙을 돌아다녔다. 그러기를 또 몇 년 중국에서도 찾지 못하고 돌아왔다. 그러다 보니 퇴직금으로 받은 돈은 바닥이 나 지금은 집에 있다는 풍문이다. 생활이 넉넉한 친구도 아니다. 그 장소 찾기를 그만둔 것은 겉으로는 중국에도 그런 곳이 없었다는 것이었으나 아마도 퇴직금을 그리다 날리고 나니 금전적으로 더는 여력이 없었던 때문이리라. 주평만이라는 사람을 생각하게 하는 친구가 아닐 수 없다.

또 한 친구는 장소타령은 하지 않았으나 소백산 깊은 골짜기에 초려를 얽어 놓고 수년 간 도를 닦는다고 하다가 지금은 가정으로 돌아와 말없이 지낸다는 풍문이다. 모두 죽을 날을 바라보고 있는 나이인지라 서로 연락도 없이 지낸다. 근년에는 모르겠으나 전에는 도를 깨친다고 그런 생활을 하는 사람이 적지 않았다. 필자는 그런 사람의 이야기를 전해들을 적마다 그들이 왜 그렇게 도에 매달리는지, 도가 무엇인지, 그렇게 힘들게 깨달은 도가 무엇에 쓸모가 있는 것인지 하는 생각을 하곤 하였다.

228

그런데 요즘 와서 그들은 허상을 만들어놓고 그 허상을 사실 속에서 또는 현실 속에서 찾으려 한 때문은 아니었을까 하는 생각을 해본다. 득도한다고 면벽을 하고 참선을 하는 사람들도 그러한 것은 아닌지, 도에 대하여, 즉 진리에 대하여, 그것이 있기나 한 것인지 하는 생각 말이다. 설령 있다 하더라도 그것이 평생을 다 허비하고 나서야 겨우 얻어지는 것이라면, 그 도가 무슨 쓸모가 있는 것인지 하는 생각을 해본다.

도 또는 진리라는 것이 그렇게 있는 것은 아닐 것이다. 쓸모 없는 것으로 있는 것은 아닐 것이다. 있다면 누구에게나 쉽게 안기는 창기(娼妓)처럼, 치마끈을 쉽게 푸는 여인처럼 그렇게 있는 것이어야 하는 것이 아닐까 하는 생각이다. 진리가 있다면 그것은 쉽게 얻어지는 것이어야 한다는 말이다. 필요하고 쓸모 있는 것이라면, 그것은 손을 뻗으면 쉽게 잡을 수 있는 주변에 우리와 함께 어디에나 있는, 어떤 것이어야 한다는 생각이다. 우리가 살아가는 데 정말 필요하고 쓸모 있는 것은 모두 그렇게 있는 것이요, 얻기 힘들고 찾기 힘든 것이 아닌 우리 주변에 있는 것이어야 한다는 말이다. 그러므로 얻기 힘들고 가지기 힘든 것은 모두 필요하지도 않은 쓸모없는 것, 없어도 될 것들이 아닌가 하는 생각이다.

값진 물건들이 그렇다. 금은보화 같은 것이 무슨 쓸모가 있고 필요한 것이겠는가? 그러한 것들은 단지 얻기 힘들고 누구나 쉽게 가질 수 없는 물건일 뿐, 살아가는 데 필요하고 쓸모가 있어서가 아니다. 그러한 것이 쓸모가 있고 필요한 것이라면, 이 세상에서 몇 사람이나 그러한 것을 얻어 살아갈 수 있으랴. 쓸모가 없기에 가지지 않아도 되는 것이요, 필요하지 않은 것이기에 없어도 살아갈 수가 있는 것이다. 귀하다는 것은 얻기 힘들다는 말이요, 얻기 힘든 것은 값진 것일지는 모르나 필요하고 쓸모 있는 것은 아니다. 귀하다는 것은 모두 다 그렇다.

정말 필요하고 쓸모 있는 것은 오히려 값이 없다. 그리고 어디에서나 쉽게 얻을 수 있는 것들이다. 공기나 물 같은 것이 무슨 값이 있던가? 그러나 그러한 것이 없으면 살아갈 수가 없다. 그것은 우리 주변에 우리와 함께 있다. 진리도 그렇게 있어야 진리이고, 하나님도 그렇게 있어야 하나님일 것 같다는 생각을 해본다. 그러나 사람들이 생각하고 찾고 있는 진리나 하나님은 그렇게 있는 것이 아니다. 있지도 않은 것, 없는 것을 허상으로 만들어 놓고 그 허상을 진리라 하고 하나님이라 하는 데서 정작 찾아야 할 것은 찾지 못하고 있는 것이 아닌가 하는 생각을 해본다.

허상에 매달리지 말라. 있지도 않은 것을 있다고 우기지도 말라. 이렇게 혼자 중얼거려 본다.

4. 하나님의 뜻

처음으로 돌아가 "어디에도 하나님은 없었다"고 한 테레사 수녀의 말을 다시 생각해본다.

성직자인 테레사 수녀는 그 누구보다도 하나님에 대해 많은 생각을 했을 것이다. 그리고 깊은 생각을 했을 것이다. 테레사 수녀는 왜 그런 말을 한 것이었을까.

세상의 모든 일은 하나님의 뜻이라고 한다. 길섶의 풀 한 포기도 하나님의 뜻으로 존재하고 이름 없는 꽃 한 송이가 피고 지는 것도 하나님의 뜻으로 그리 된다고 한다. 하물며 인간에게서 일어나는 일들, 그 무엇이 하나님의 뜻 아닌 것이 있으랴. 모든 일들이 하나님의 뜻으로 이루어지는 것이다. 바로 이것이 고달픈 인생을 살아가는 데 하나님은 누구에게나 비비고 기댈 수 있는 언덕이 되고 위안이 되고 의지할 수 있는 안식처가 된다고 할 수 있을 것이다.

비는 땅을 가려서 내리지 않는다. 깨끗한 곳에도 내리고 더러운 시궁창에도 내린다. 하나님의 뜻도 그러할 것이다. 좋은 일, 옳은 일도 하나님의 뜻으로 이루어지는 것이요, 그렇지 못한 일도 하나님의 뜻으로 이루어지는 것이다. 세상의 어느 것 하나 하나님의 뜻으로 존재하고 이루어지지 않는 것이 없는데, 무엇은 하나님 뜻으로 이루어지고 무엇은 하나님 뜻으로 이루어지지 않는다고 할 수 있으랴. 한 개인이 잘못하고 죄를 짓는 일도 하나님 뜻으로 그리되는 것이요, 전쟁이나 온갖 참사로 수많은 사람이 죽게 되는 것도 하나님의 뜻으로 일어나고 생기는 것이라고 하지 않을 수 없다. 어떻게 그런 일들을 하나님의 뜻이라고 할 수 있겠느냐고 할지 모르나 꽃 한 송이가 피고 지는 것도 하나님의 뜻이 아니고는 그리될 수가 없는데 하물며 그런 엄청난 일들이 어떻게 하나님의 뜻이 아니고 인간이 저지를 수 있는 일이라고 할 수 있겠는가.

인간은 그렇게 위대한 존재가 아니다. 하나님의 뜻 아니고는 아무것도 할 수 없는 존재다. 세상 모든 것은 하나님의 뜻으로 일어나고 생겨나지 않는 것이 없다. 모든 일이 다 하나님의 뜻으로 이루어진다. 사람을 죽이는 일도 하나님의 뜻이요, 까닭 없이 죽임을 당하는 일도 하나님의 뜻으로 그리되는 것이라고 하지 않을 수 없다. 다만 하나님의 뜻이 왜 그러한지 인간으로서는 알 수 없을 뿐이다. 어떻게 인간이 하나님의 뜻을 알 수 있으랴.

하나님을 안다고 하지 말라. 이것은 하나님의 뜻이요, 저것은 하나님의 뜻이 아니라고도 하지 말라. 누가 하나님을 알 수 있으며 누가 하나님의 뜻이다 아니다 판정할 수 있겠는가.

5. 허상으로서의 하나님과 진리

좋은 일은 하나님이 하고 나쁜 일은 인간이 한다고 말한다. 잘못과 죄는 모두 인간에게 있고 하나님에게는 없다고 말한다. 그리하여 그 죄와 잘못의 책임을 모두 인간에게로 돌리고 하나님에게는 돌리지 않는다. 교회에서 성당에서 말하는 것이 그렇고, 목사·신부·성직자들이 말하는 것이 그렇고, 신도들도 그렇게 알고 믿는다. 이것이 세상에서들 안다고 하는 하나님과 하나님의 뜻이다.

그러나 세상의 모든 일이 하나님의 뜻으로 이루어지는 것이고 보면, 그 죄와 잘못은 인간에게만 있는 것이 아닐 것이다. 잘못은 하나님에게도 있고 그 책임도 하나님에게 있다고 하지 않을 수 없다. 모든 죄와 잘못의 책임을 인간에만 돌릴 수 없다는 말이다. 왜 그 책임이 인간에게만 있어야 하는 것인가.

이것은 하나님을 안다고 하는 사람의 생각에서 오는 억지가 아닐 수 없다. 하나님은 그렇게 있는 것이 아닌 것이다. 어떻게 하나님이 인간이 알고 판단하고 생각하는 것으로 있는 것이겠는가? 그렇게 있다면 인간의 생각이 곧 하나님의 생각이요, 인간의 뜻이 곧 하나님의 뜻이 되는 것이다. 달리 무엇을 하나님의 뜻이요, 하나님이 하는 것이라고 할 수 있겠는가? 모두 인간의 뜻이요, 인간이 하는 일만이 있게 될 뿐이다. 그러므로 인간이 생각하는 그런 하나님은 없는 것이다. 인간이 아는 것으로 있는 하나님은 없다는 말이다.

하나님에게는 좋고 나쁜 것, 옳고 그른 것이 없을지도 모른다. 있어도 인간이 생각하는 것과는 다르게 있을 것이다. 선과 악이 그렇고 죄와 죄 아닌 것도 그렇다. 인간의 생각처럼 그렇게 있는 것이 아닐 것이다. 아니 그러한 구별과 가치는 아예 없을지도 모른다. 그러한 것들은 모두 인간에게만 있는 것이요,

인간에게서만 문제되는 것들이기 때문이다. 그러한 인간에게만 있는 것을 가지고 하나님을 재단하고 판단하고 하나님의 뜻을 단정하는 것은 실로 인간의 잘못이 아닐 수 없다.

하나님은 인간이 생각하는 것으로 있는 그러한 존재가 아니다. 그러한 하나님은 없는 것이다. 있지도 않은 것을 사람들이 허상을 만들어 마주하고 있을 뿐이다. 사람들이 알고 있는 하나님은 허상이요, 실재하는 사실의 하나님이 아니라는 말이다. 테레사 수녀가 "어디에도 하나님은 없었다"고 한 하나님도 그러한 허상의 하나님을 두고 한 말이 아니었을까 하는 생각을 해본다.

세상 사람들이 알고 있는 그런 하나님은 없는 것이다. 성직자들이 말하고 있는 그런 하나님은 없는 것이다. 모두 인간이 생각으로 만들어 맞세우는 허상일 뿐이다. 허상이 아닌 실제 사실의 하나님이 있는지 없는지 그것은 알 수 없는 일이나 실재한다면 그러한 하나님은 알 수 없는 존재로 있을 것이다. 굳이 말한다면 "그저 있을 뿐이다"라고 할 수 있을 것이다. 성서에 나오는 말로 한다면 "나(하나님)는 스스로 있는 자니라"라고 한 그 "나"로서 있을 뿐이다.

모든 존재가 그렇게 있다. 나로서 스스로 있고 나로서 스스로 이루면서 있을 뿐이다. 모든 것이 그렇게 있다. 그렇게 스스로 나로서 존재하고 스스로 나로서 이루며 있는 존재가 하나님이다. 그렇게 있는 것이 하나님이다. 모든 것이 하나님으로 존재한다는 말이다. 이렇게 있는 것을 하나님이라 할 수 없다면 "하나님(一)"이라 해도 무방할지 모른다. 이때 "하나"는 만물 존재자 하나하나가 다 하나님이요, 사람 하나하나가 다 하나님일 수 있다는 말이다. 테레사 수녀가 혹 그렇게 생각한 것은 아니었을까 하는 생각을 해본다.

진리(道) 또한 알 수 없는 존재로 있다는 생각을 한다. 진리를 안다고 말하고 설명하고 있는 그 진리는 철학하는 사람들의 생각 속에만 있는 허상일 뿐이다. 그러한 진리는 실제 사실 속에는 있는 것이 아니요, 실재하는 것도 아니다. 그런 진리는 없다. 실재하지 않는다. 있다면 존재 스스로가 있는 존재사실만이 있을 뿐이다. 모든 존재자가 그렇게 있다. 하나님도 그렇게 있고 진리도 그렇게 있다. 스스로 있는 모든 사실적 존재가 그대로 진리요, 하나님이다. 없는 것을 있다고 우기지도 말고 사실이 아닌 허상을 만들어 그 허상에 매달리지 않으면, 있는 것은 그저 여여(如如)하게 사실로만 마주서 있을 뿐이다. 그렇게 있는 것만이 실재하는 존재사실이다. 이보다 더 실질적으로 마주서는 진리가 어디 있겠는가.

철학이 현실(사실)을 떠나 공허한 것에서 맴돌고 머물게 되는 것은 바로 이 허상을 만들어놓고 그 허상에서 진리(진실)를 찾으려 하는 때문은 아닌가 하는 생각을 해본다.

이것이 철학을 한다고 살아온 사람이 뒤늦게 가져보는 솔직한 심정이라고 하지 않을 수 없다. 용요리에 매달려 산 주평만이라는 사람과 무엇이 다르겠는가.

괴테는 『파우스트』에서 악마 메피스토펠레스의 입을 빌려 다음과 같은 말을 하고 있다.

모든 이론은 회색이요
빛나는 생활의 나무만이 초록일세

*이 글은 철학 잡지 『철학과현실』에 실려 있던 것이다.

고대 동양 철인들이 생각한 우주론

—동양 우주론과 블랙홀—

1. 서론

동양은 우주를 시·공간으로 나타낸다. 우주라는 개념 자체가 시간과 공간이라는 말이다.[1) 그리고 그것은 무궁무진하다는 말이다.[2) 시간과 공간이 무한하다는 말이기도 하고, 이 무한한 시간과 공간으로 나타내는 존재자의 세계가, 그리고 그 존재 하나하나가 또한 무한하다는 말이기도 하다.[3) 우주는 끝이 없는 무

---

1) "上下四方曰宇 往古來今曰宙."(陸象山,『雜說』), "有實而無乎處者宇也 有長而無本剽者宙也."(莊子,『庚桑楚』)

2) "宇之表無極也 宙之表無窮也."(張衡,『靈憲』)

3) "處一塵圍六合."(『金剛經』「涵虛堂序」)

한한 존재자의 세계를 말한다. 『천자문』에 나오는 "우주홍황(宇宙洪荒)"이 바로 그러한 것을 나타내는 말이라고 할 수 있다. 우주는 한없이 크고 넓다는 말이다.

동양의 철인들은 이러한 우주 곧 무한한 존재자의 세계를 둥그런 원(○)의 그림으로 나타냈다. 원은 하나(一)의 선분을 처음과 끝을 이어 시(始)도 종(終)도 없다는 무한함을 나타낸 것으로 우주의 그림이기도 하고, 우주가 시·공간임으로 해서 무한한 시간과 공간을 나타내는 그림이기도 하다.[4] 그리고 이 원을 구(球)로 생각하면 시간과 공간은 분리되지 않고 하나(一)로 함께 있는 것임을 나타내고 있는 그림이라고도 할 수 있다. 여기서 시간과 공간이 분리되지 않고 하나로 있다는 말은 시·공간이 생겨나기 전이라 할 수도 있고, 생겨나기 전인지라 우주는 물상(物象), 곧 존재자의 세계를 말하는 것이 아니라 무물(無物)의 실상을 말하는 것이라고도 할 수 있다.[5] 물상이 아닌 무물로 있는 이 실상을 무(無)라고 하는 것이다.

"태초에 무가 있었다"[6] 할 때의 무가 바로 그러한 무다. 그 무의 존재가 우주의 근원이요, 만물의 근원이다.[7]

---

4) 서양에서는 양끝이 있는 선분으로 나타낸다면 동양은 무시무종(無始無終)을 나타낸 원으로 시간을 말한다.

5) "復歸於無物."(『老子』14, 40, 45장)

6) "泰初有無."(『莊子』「天地」), "有生於無"(『老子』40장)

7) 주5, 6 참조.

우주가 물상을 말하는 것이 아니라 실상(實相)을 말하는 것이라 하는 것은 우주를 시간과 공간으로 나타내는 것이기는 하나 시·공간이 분리되지 않고 하나(一)로 있어 아직 시간과 공간이 생겨나기 전이라 해야 하기 때문이다. 그것은 우주의 그림인 원이나 구가 시간과 공간을 그린 것이 아니라 시·공간 미분(未分)의 하나(一)를 그린 것이라고 보아야 하기 때문이다. 말하자면 시간과 공간이 아직 생겨나기 전을 나타낸 것이라고 할 수 있다. 또는 시·공간 이전을 말하기 위한 시공간이요, 굳이 시간과 공간으로 말한다면 시간 제로(0) 공간 제로(0)라고 할 수 있을 것이다.[8]

이것 역시 시·공간이 생겨나기 전이라고 할 수 있다. 원(○)은 시간과 공간이 겹쳐 하나로 있는 그림이요, 구(球)는 시·공간의 그림이라 하더라도 시·공간 불상리(不相離)를 말하는 것으로, 역시 원의 그림을 말하고 있는 동일한 그림이라고 할 수 있다.

그러므로 원 또는 구로 나타내는 우주의 그림은 시·공간 미분의 하나(一)로 있는 것을 그린 그림이다. 시간과 공간이 생겨나기 전을 나타내고 있는 그림인 것이다. 이 자리에 있는 존재를 무라 하고 일(一)이라 하는 것이요, 물상이 아닌 무물(無物) 곧 실상이라고 하는 것이다. 이 무물의 존재실상이 우주의 근원이요 만물의 근원이다.

---

8) 시·공간을 좌표로 나타냈을 때, 두 축이 만나는 점(0.0)이 무의 자리가 된다.

물상은 시·공간상에 있는 존재자로 만물이라 하는 것이요, 무물은 시·공간이 분리되기 전 시간과 공간이 아직 생겨나기 전의 존재자(물상) 아닌 존재로 실상이라고 하는 것이다. 이 실상을 현전실재라고 하는 것이다. 인식 밖에 있어 무라고도 한다.

동양 우주론은 시간과 공간 그리고 무에서 시작한다. 무는 시·공간이 나뉘기 전의 존재실상을 말하고, 시·공간이 나뉘어 상(象)을 가지는 물상으로 넘어와 만물로 마주서게 된다. 그러므로 시간과 공간과 함께 실상(무물)과 물상을 문제 삼고 있는 것이 동양의 우주론이다.

2. 태초와 무

"태초에 무가 있었다(太初有無)."[9]

여기서 문제가 되는 것은 태초와 무다. 우선 태초가 무엇의 태초인가 하는 점이요, 또 하나는 무가 유의 상대적 무인가 하는 점이다.

태초가 현대 천체물리학에서 말하는 138억 년 전 우주가 하나의 점에서 탄생했다는[10] 그 시점을 말하는 것인지, 시간은 처

---

9) 『莊子』「天地」.

10) 이론물리학자 스티븐 호킹은 138억 년 전 빅뱅에서 우주의 탄생과 함께 시간이 시작했다고 본다.

음과 끝이 있는 선분과 같아서 그 시간이 시작한 시점이 바로 우주의 탄생이라고 하는 그 시간의 출발점을[11] 태초라고 하는 것인지, 그리고 무가 그 이전을 말하는 것인지[12] 알 길이 없다.

그러나 동양에서는 서양의 물리학에서처럼 시간의 시작과 끝을 말하는 일이 없고, 우주의 탄생을 역사적 시간성에서 설명하지도 않는다.[13] 그러므로 우주론도 달라진다. 태초와 무가 분리되는 것도 그 때문이다. 그러나 우주의 탄생과 더불어 시간이 생겨나고 우주의 소멸과 함께 시간의 끝을 말하고 있는 것을 보면, 비록 시간의 시작과 끝을 말하고 있더라도 시간은 시간만으로 독립해 존재하는 것이 아니라는 점을 말해주고 있다고 할 수 있다.[14] 이는 동양에서 생각하는 시간과 같은 점이 없지 않다. 다시 말하면 시간은 공간(물상)과 분리되어 독립적으로 둘이 따로 있는 것이 아니라 하나로 함께 있는 것이라는 점을 시사해주고 있기 때문이다.[15] 시간과 공간이 분리되어 독립된 존재로 존재하는 것이 아니라는 점이 그렇다. 역(易)을 비롯한 동양의 시공간 개념이 그렇다.[16] 이 점은 동양 우주론에서 다루어지는 핵

---

11) 우주의 탄생과 시간의 시작점.

12) 우주의 탄생과 시간의 시작 이전.

13) 시간을 무시무종(無始無終)으로 나타내고 우주도 탄생과 종말로 다루지 않는다. 시간과 우주의 그림을 원(○)으로 나타내는 것이 이를 의미한다.

14) 우주의 탄생과 소멸을 시간의 시작과 끝으로 함께 말하고 있다.

15) 동양의 시·공 비분리적 입장과 비슷하다고 할 수 있다.

16) 동양의 시·공간은 물상을 떠나 존재할 수 없다. 역을 시·공간 철학이라 하면서도 물상학

심 과제라고 하지 않을 수 없다.

다시 처음으로 돌아가 "태초에 무가 있었다"는 것에서의 태초와 무는 시간과 공간을 어떻게 생각하느냐에 따라서 달라진다고 하지 않을 수 없다. 시간이 양끝이 있는 하나의 선분처럼 시작이 있고 끝이 있는 것이라면 현대물리학에서 생각하는 것처럼 시간이 생겨나는 시작과 함께 우주가 탄생하는 그 시점이 태초가 될 것이요, 무가 유와 상대적인 무라면 그 무는 우주의 탄생 이전 또는 시간의 시작 이전을 말한다고 하지 않을 수 없다.

그러나 동양 우주론에서 보면 태초는 그렇게 있는 것을 말하는 것이 아니요, 무 또한 아무것도 없다는 유의 상대적 무가 아니다.[17]

이제 이 논문은 그 점을 밝히는 데 있다고 하겠거니와 이 단원에서는 동양의 우주론이 왜 시간과 공간 그리고 무에서 시작하는지를 서술하고자 한다.

우선 동양의 철인들이 생각한 시간은 양끝이 있는 선분처럼 시작과 끝이 있는 것이 아니라는 점이다. 시(始)와 종(終)이 없다. 선분으로 말하면 양끝을 이어 시작과 끝이 없는 둥근 고리와 같다. 원(○)이 바로 그 시간그림이라고 할 수도 있다. 필자는 전에 이 시간그림을 굴렁쇠그림이라고 한 일이 있다.[18] 그러므로 이

이라 하는 까닭이 여기에 있다.

17) 태초와 무의 개념이 시간을 어떻게 보느냐의 관점에서 달라진다고 할 수 있다.

18) 『시간과 공간 그리고 지금 바로 여기』(성균관대학교출판부) 참조.

원에서는 시도 종도 없다. 시와 종이 없으므로 태초라는 것이 없다. 동양 철인들이 생각한 시간은 이 원과 같이 시작도 끝도 없어 태초라는 것이 없다. 그저 무시무종의 무한이 있을 뿐이다. 그리고 무는 유의 상대적 무가 아니므로 없다는 무가 아니다.

그러면 "태초에 무가 있었다"라는 말은 무엇인가. 동양 철인들이 생각한 시간관에서 보면 이 말은 "지금 바로 여기에 있는 존재현전의 실재"를 말하고 있는 것이라고 할 수 있다. "지금 바로 여기"가 그 태초요 "존재현전의 실재"가 그 무라고 할 수 있다. 이것을 동양의 시간관에서 보면 "지금 바로 여기"가 시·공간이 생겨나는 기점(起點)이요[19] 그 자리에 있는 "현전실재"가 실상이기 때문이다.

이 점은 뒤의 "무와 실상"을 다루는 단원에서 상세히 설명하고자 한다. 다만 여기서는 동양 우주론이 시간과 공간 그리고 무에서 시작한다는 것을 밝히는 것으로 마무리하기로 한다.

3. 무와 실상

"모든 존재자는 시·공간 위에 있다."

이 말은 시간과 공간은 모든 존재자의 존재형식이라는 말이

---

19) "지금 바로 여기"가 시·공간의 기점(起點)이다. 『노자가 부른 노래』, 270쪽의 도표를 참조.

다. 동양에서 우주, 존재, 사물이라는 개념이 모두 그러한 존재형식인 시간과 공간으로 존재한다는 것을 말하고 있는 것이다.[20] 그리고 존재자를 물(物)이라고 한다.[21] 그러므로 만물은 모든 존재자를 말한다. 그리고 존재형식을 시간과 공간으로 짠 그물망이라 해도 좋을 것이다. 노자가 말한 천망(天網)[22]이라는 것이 바로 그 그물망에 해당한다고 할 수 있다.

그런데 여기서 문제가 되는 것은 시간과 공간이다.

동양 철인들이 생각한 시간과 공간은 둘이 아니요 하나다. 둘로 분리되어 있는 것이 아니라 함께 하나(一)로 있는 것이다.[23] 그러므로 시간이라고 할 때 시간 안에 공간이 함께 있는 것이요 공간이라고 할 때 공간 안에 시간이 함께 있는 것이다.[24] 이것이 동양 우주론의 핵심이 된다. 시·공간과 더불어 물상과 실상으로 전개되는 우주론의 핵심이다.[25]

동양 우주론을 이해하기 위해서는 그 핵심적인 과제가 시간과 공간이지만 우선 동양 철인들이 그 시간과 공간을 어떻게 생

---

20) 존재라는 개념 자체가 시간과 공간이라는 말이다. 모든 존재자는 시·공간의 좌표 위에 있다는 말이기도 하다.

21) 동양에서 물 또는 물상은 존재자요, 존재(無物)를 실상이라고 한다.

22) "天網恢恢 疏而不失."(『老子』73장)

23) 시간과 공간은 불상리(不相離)로 서로 떠나 따로 독립적으로 존재할 수 없다. 시·공불상리(時空不相離)다.

24) 주역에서 괘(卦)와 효(爻)의 관계. 괘효불상리(卦爻不相離).

25) 물상은 존재자요 실상은 존재다.

각하고 있었느냐를 살펴보는 데 있다고 하지 않을 수 없다.[26]

시간이란 무엇이고 공간이란 무엇인가? 그것은 어디에 어떻게 있으며 우리가 마주 대하고 있는 만물, 존재자와는 어떤 관계에 있는 것인가의 문제들이다.[27]

시간과 공간은 앞에서 태초와 관련하여 잠깐 언급된 바 있거니와 여기서 존재형식으로 말한다 하더라도 어떤 한 존재자(물상)를 설명·이해하기 위하여 끌어들인 개념이라고 할 수 있다. 그러므로 실재성을 가지는 것이 아니다. 존재형식이라는 말 자체가 실재성을 가지는 것이 아니라는 것이다. 형식뿐만이 아니라 모든 이론이나 규칙·법칙도 생각 속에 있는 것이요, 그 어떤 실재성을 가지고 있는 것이 아니다. 다시 말하면 정신 속에 있으며 실재하는 실재성을 가지고 있는 것이 아니라는 것이다.[28]

시간과 공간도 그렇게 정신 속에 있는 것이요 실지로 실재하고 있는 것이 아니다. 가령 원을 시간그림이라고 할 때 임의의 두 점을 찍어 시와 종을 만들 수 있고, 구를 공간그림이라고 생각했을 때 구에 임의의 두 지점을 찍어 공간의 시종을 정할 수 있다. 그리고 두 점 사이 시와 시 사이를 시간이라 하는 것이며 두 지점 사이를 공간이라 하는 것이다. 시간과 공간은 이렇게

---

26) 서양은 공간철학, 동양은 시간철학이라는 견해도 있으나 시·공간을 분리해 따로 생각하는 데서 오는 견해라고 할 수 있다.

27) 동양 철인들의 관심은 바로 여기에 있었다. 동양철학의 핵심이기도 하다.

28) 동양철학에서 다루어지는 핵심과제가 바로 여기에 있다.

만들어져 머릿속에 있는 것이요 실재하는 것이 아니다. 시계와 자(尺)가 그렇게 해서 만들어진 시간과 공간의 도구이다. 그리고 그 시간과 공간(길이)은 시계의 자판(字板)이나 잣대의 눈금 위에 있는 것이 아니요 존재자 사물에 있다.

그러나 실질적으로 있는 것은 사물만이 있는 것이요 시간과 공간은 있는 것이 아니다. 시간과 공간은 사물을 이해하고 설명하기 위하여 동원된 도구(시계, 잣대)일 뿐이다. 그러므로 사물을 떠나 도구가 필요한 것이 아니요 사물을 떠나 시간과 공간이 문제되는 것이 아니다.

그러나 시간과 공간은 실재하는 것이 아니요 사물만이 실재하는 것이다.[29] 바로 이 점이 시간과 공간은 시계와 잣대의 눈금 위에 있는 것이 아니라 사물에 있다고 하는 것이다.[30] 그러나 그 실재하지 않는 시간과 공간이 존재자를 설명함으로써 우리가 마주서는 사물에 내용을 가지게 하는 것이다. 바로 이것이 동양 철인들이 생각하는 시간과 공간이다.

뿐만이 아니라 그들은 보다 더 중요한 한 가지를 생각하고 있었다. 바로 그것은 시간과 공간이 분리된 둘이 아닌 하나(一)로 함께 있는 것이라는 것과 함께 그 하나는 찰나적 실재성이라는 데 있다. 그 실재성을 현전적 실재성이라 해도 무방한 것이다.

---

29) 서양과 동양의 시·공간을 보는 관점의 차이.

30) 동양철학에서 시간과 함께 언어가 핵심과제가 되는 이유도 바로 여기에 있다. 시계와 잣대가 사물을 이해하는 도구인 것과 같이 언어는 전달의 도구일 뿐이다.

바로 여기에서 실상을 말하게 되는 것이다.

실상은 존재현전의 실재를 말하는 것이요, 그 존재현전의 실상을 무라고 하고 일(一)이라고 하는 것이다.

동양 우주론의 핵심은 이 무로부터 시간과 공간의 존재형식으로 마주서는 존재자의 세계 곧 만물을 설명해내는 데 있다고 하겠다. 그러기 위하여 존재현전의 실재요 실상인 무를 좀 더 살펴보기로 한다.

4. 무와 하나(一)

시간과 공간이 별개로 둘이 있는 것이 아니라 하나로 함께 있는 것이라면 그것으로 사물을 설명할 수는 없을 것이다.[31] 왜냐하면 그 하나로 있는 것은 이미 시간도 아니요 공간도 아니기 때문이다. 그러므로 그 하나(一)로는 어떠한 물상도 마주 세울 수 없을 것이다.[32] 이것을 시·공간을 초월해 있는 것이라고 할 수도 있을 것이다. 또는 나뉘기 전이라 시·공간이 아직 생겨나지 않은 상태라 할 수도 있을 것이다. 이러한 상태에 있는 존재는 물상이 아니므로 물이 아닌 무물(無物)이라 하는 것이요, 무

---

31) 시간과 공간이 나뉘어 별개로 둘이 있는 것이 아니라 하나(一)로 함께 있는 것이나 시간과 공간으로 나누지 않고는 사물을 설명할 수가 없다.

32) 무 또는 일은 시·공간 없이 존재하는 존재(실상)를 말한다.

물은 아무런 설명을 할 수도 없는 존재자(物) 아닌 존재(실상)일 뿐이다.[33] 이러한 무물로서의 존재를 무라고 하는 것이다.[34] 그 냥 인식 밖의 존재라 해도 무방할 것이다.

실상은 하나(一)라고도 하는 것이다. 실상을 인식 밖의 존재라 하는 것은 무물이라는 것이요, 일(一)이라 하는 것은 나뉘지 않은 미분화의 존재라는 말이다.[35]

하늘과 땅이 나뉘기 전 하나로 있는 것을 혼일(混一)이라 하고, 음양이 나뉘기 전 하나로 있는 것을 태극(太極)이라 하고, 유무가 나뉘기 전 하나로 있는 것을 현동(玄同)이라 하고, 시간과 공간이 나뉘기 전 하나로 있는 것을 무라고 한다.

이 하나로 있는 일(一)의 존재를 노자는 박(樸)이라고 하였다. 박은 나뉘기 전 분화되기 전의 존재라는 말이다. 소(素)라고도 한다. 이것이 모든 존재자 곧 물상의 바탕으로 만물의 근원이라 는 것이다. 이 박을 자연이라고도 하고 도라고도 한다. 자연은 있는 그대로의 존재라는 말이요,[36] 도는 만물의 근원이라는 말

---

33) 무물은 "其上不皦 其下不昧 繩繩不可名 復歸於無物."(『老子』14장).『금강경』에서는 물이라 하여 "無頭無尾 無名無字"로 육조(六祖)는 설명하고 있다. "本來空寂本來無物 也."(『普照法語』)

34) "實相者不可以見聞覺智 非有相非無相 非非有相非非無相 是故如來說名實相."(『金剛 經』) 실상은 실유(實有)를 말하는 것으로 존재자(物) 아닌 존재(無物)를 말한다.

35) 현동(玄同), 혼일(混一), 비유비무(非有非無)들은 모두 미분화의 존재실상을 말한다.

36) '박(樸)'은 '불실자연(不失自然)'을 말한다.

이다. 모두 실상을 말하는 데 지나지 않는다.[37]

우리가 날마다 마주서는 물상의 세계는 사실로 있는 실재(실상)의 세계가 아니다. 내가 만들어 세우는 조작된 세계다. 나무 한 그루가 그렇고 풀 한 포기가 그렇다. 바라다 보이는 산이 그렇고 눈앞에 흐르는 강물이 그렇다. 산은 산이 아니요 물은 물이 아니다. 물상은 실상이 아니라는 말이다.[38] 이것은 모두 동양 우주론과 관계가 있다. 시간과 공간 그리고 무(一)를 바탕으로 이끌어낸 생각들이다.

동양 철인들이 생각한 우주론의 기반은 모두 현전성(現前性)과 실재성(實在性)에 기반을 둔다. 이 기반이 다름 아닌 실상이다. 시간과 공간에서 말하면 현전성은 "지금 바로 여기"요 실재성은 존재 현전의 실재 무다.

"지금 바로 여기"는 존재현전의 자리요, 무는 존재현전의 자리에 있는 실재다.

"지금 바로 여기"는 좌표상으로 보면 시간과 공간이 함께 있는 자리(만나는 자리)로 시간과 공간이 모두 제로(0.0)인 자리이다. 그리고 그 자리에 있는 존재현전의 실재가 무다. 불교에서 말하면 이 자리가 선(禪)이요, 역(易)에서 말하면 이 자리가 태극이다. 동양 철인들이 생각한 시·공간과 우주론에서 보면 당연

---

37) 물상 이전의 무물의 존재.

38) 물상은 시·공간의 상을 가지고 마주서는 조작된 세계요, 실상은 조작된 대상으로 마주서기 전의 무물을 말한다.

한 이론이라고 할 수 있다.

이 자리가 시·공간의 출발점이요 끝나는 자리이기도 하다.

현대물리학에서는 시간을 두 끝이 있는 선분처럼 생각하여 시간의 시작과 그 끝이 있는 것으로 말한다. 그리하여 빅뱅이론에서 우주의 탄생과 함께 시간의 시작을, 그리고 블랙홀에서 우주의 소멸과 함께 시간의 종말을 말하면서 그 기점을 특이점(Singularity)이라 하는 것이 흥미롭다.[39] 반지름이 제로(0)인 하나의 점이라고 한다. 이 점에서는 시간도 공간도 아무것도 논할 수 없는 그냥 하나의 점, 그것을 특이점이라 한다. 이 점이 시간과 공간의 기점이라는 데 있다. 이 특이점이 흥미로운 것은 동양 우주론에서도 비슷하게 설명할 수 있는 그런 점을 말할 수 있기 때문이다.

동양 우주론에서 시간과 공간의 기점(起點)은 좌표에서 시·공간의 두 축이 만나는 점이다. 그 기점은 빅뱅이론이나 블랙홀에서 말하는 특이점과 비슷하다.

물리학에서 말하는 시간의 기점인 특이점과 동양에서 시간(공간)의 기점인 무가 같다고 할 수는 없겠지만 그러나 아무것도 문제 삼을 수 없는 그저 점이라는 것에서는 동일하다.

물론 138억 년이라는 엄청난 시간을 거슬러 올라가 과거 속

---

39) 스티븐 호킹은 『시간의 역사』와 『블랙홀』 두 저서에서 특이점과 함께 우주의 탄생과 종말, 시간의 시작과 끝을 말하고 있다.

에서 시간의 시작을 말하는 것과 "지금 바로 여기"라는 현전실재(무)에서 말하는 시간의 시작을 말하는 기점을 같다고 할 수는 없을 것이다. 시간을 유한한 것으로 양끝이 있는 하나의 선분처럼 생각하여 시작과 종말을 말하는 서양의 시간관과 아예 시작과 끝이 없이 원(○)으로 생각하는 동양의 시간관이 비록 그 시작의 기점을 점으로 말한다 하더라도 같은 것이라고 할 수는 없다. 서양 물리학에서는 고정된 시간의 시작인 하나의 기점을 말하는 것이요, 동양 우주론에서는 순간순간이 모두 시작의 기점일 수 있다는 것은 엄청난 차이라고 하지 않을 수 없다.[40]

　그러나 특이점에서 시간의 시작과 끝을 우주의 시작과 소멸(종말)과 함께 말하고 있는 것은 동양 우주론에서 시·공간의 시종 기점과 다를 것이 없다는 생각을 해볼 수도 있다. 사물(존재자)을 떠나 사물에서 독립된 시간과 공간만을 말할 수 없다는 점이다. 그런 점에서 사물을 설명하기 위해서 인간의 생각 속에서 만들어진 개념이 시간과 공간이라고 할 수 있다. 빅뱅과 함께 시간의 시작을 말하는 것은 우주의 시작(탄생)을 설명하기 위해서고, 동양에서 없는 시간의 시작(공간의 시작)을 임의로 문제 삼는 것은 사물(존재자)의 존재현전의 실재를 설명하기 위해서다.[41] 아무것도 없는 빈 공간(동양에서는 그런 절대 공간이 없지

---

40) 서양은 시간을 양끝이 있는 선분과 같이 보고, 동양은 시작과 끝이 없는 원으로 보는 시간관의 차이가 있다.

41) 이 점은 동서양의 시·공간에 대한 같은 관점일 수도 있다.

만)에서 시간과 공간은 없는 것이요, 있다 하더라도 의미가 없다는 말이다.

동양 우주론에서 시간과 공간은 존재현전의 실재(실상)을 설명하기 위해서다. 더 확실하게 말한다면 마주서는 사물을 설명하기 위해서다. 실상은 현전실재를 말한다 하더라도 무물로서 어떠한 상도 가지지 않으므로 시·공간의 존재형식으로 설명할 수가 없다. 이 설명할 수 없다[42]는 것을 설명하기 위하여 시간과 공간이 문제된다고 할 수 있다.

시간과 공간은 인간이 만든 개념이다. 그리고 그것은 마주선 물상을 설명하기 위해서 만들어진 개념이다. 그러므로 무물(실상)을 설명할 수는 없다. 실상은 알 수가 없다. 인식 밖에 있다는 것은 그 때문이다. 왜 알 수 없는가? 시·공간 밖에 있기 때문이다. 분리·분화할 수 없을뿐더러 분화 이전의 하나로 있는 것이기 때문이다. 그 하나로 있는 존재를 일(一)이라 하는 것이다. 무물지상(無物之象)·무상지상(無狀之狀)이라고도 한다.[43] 앞에서 말한 박(樸) 또는 소(素)를 뜻하기도 한다. 모두 실재하는데 알 수 없는 존재라는 말이다. 실상이라는 말이다.

시간과 공간은 인간이 만든 개념으로 해서 실재성을 가지는 것은 아니다. 자연 속에 사물(존재자)로서 있는 것이 아니라 마

---

42) 상을 가지는 물(존재자)이 아닌 무물(실상).

43) 『老子』14장.

음속에 가상으로만 있다. 그러므로 일정하고 고정된 것이 아니다. 그리하여 만든 것이 시계와 잣대의 눈금이다. 시간을 일정성으로 공간을 고정성으로 만든 것이 시계와 잣대이다.[44] 물상을 동(動)과 정(靜), 변역(變易)과 불역(不易)으로 좀 더 구체적으로 설명할 수 있게 한 것이다.

그러나 자연으로 있는 물상은 그렇지 않다. 일정성과 고정성으로 있는 것이 아니다. 과학은 전적으로 자연을 일반화시키는 데 있다. 그것을 법칙 또는 통일이론이라 한다. 그러나 그것은 법칙이론만으로 있는 것이요, 실제로 사실 속에 실재하고 있는 것이 아니다. 있다 하더라도 극히 부분적으로만 있는 것이요, 전적인 통일이론은 있을 수가 없다.[45] 도대체가 자연은 과학적으로 있는 것이 아니기 때문이다. 과학이론이나 법칙은 인간이 만들어가는 것이므로 인간의 머릿속에만 있고 그것도 극히 부분적으로만 있고 통일이론은 없는 것이다.[46]

시간과 공간만 해도 그렇다. 인간이 만든 시계와 잣대의 눈금으로 정한 일정성, 불변 고정성으로 있는 것이 아니다. 설명하고자 하는 자연 사물의 세계에서는 살아 생명으로 있는 것이다. 관찰자의 위치·장소·상황에 따라 달라진다. 그것도 실제성으

---

44) 시계와 잣대는 인위적으로 정한 일정성, 고정성에 있다.

45) 실재성에서 본다면 부분적으로도 있는 것이 아니다.

46) 아인슈타인의 상대성이론과 하이젠베르그의 불확정성이론은 바로 그 점을 말해준다고 할 수 있다.

로 있는 것이 아니다. 실제로 있는 것은 사물만이 있는 것이다. 그것도 일정 불변으로 고정된 것으로 있는 것이 아니다.

가령 이런 경우를 생각해볼 수도 있다. 초등학교 때 시골학교 운동장은 그렇게 클 수가 없더니 어른이 되어 고향을 찾아 다시 그 운동장을 돌아보니 그렇게 작을 수가 없었다. 즐거운 시간은 빨리 지나가고 지루한 시간은 느리기만 하다. 시계와 잣대를 버린다면 어느 시간과 공간이 옳은지 알 수가 없다. 오히려 달라지는 크고 작고 길고 짧은 사실이 현실로 마주서는 실재요, 시계와 잣대의 눈금이 말하는 시간과 공간은 실재성이 없는 것이다. 시계와 잣대의 눈금은 시간과 공간이 머릿속에서 만든 일정·고정·불변으로 전연 현실의 실제가 아니다.

시계와 잣대의 눈금은 사실의 시간과 공간(길이)이 아니다. 인간이 만든 시간과 공간이다. 현실로 있는 실제의 시간과 공간을 살아 있는 시간과 공간이라고 한다면 시계와 잣대의 눈금이 가리키는 시간과 공간은 죽어 있는 시간과 공간이라고 할 수 있다. 그나마도 사실로 있는 것은 시간과 공간으로 있는 것이 아니라 사물로서 마주서는 것이요 시간과 공간으로 마주서는 것이 아니다. 현실로 있는 사물은 살아 있고 시계와 잣대의 눈금은 죽어있는 시간과 공간일 뿐이다.[47)

모든 존재자는 제각기 자기근원을 가지고 존재한다.

---

47) 동양철학에서 언어와 사실 문제가 깊이 다루어지는 것도 그 때문이다.

만물은 모두 물물마다의 자기근원을 가지고 존재한다.

이것이 장자의 제물(齊物)사상이요, 그 사상의 핵심이다. 그 근원은 일(一)이다. 노자의 사상을 (받아서) 그리 생각한 것 같다.[48]

모든 존재자는 제각기 자기 존재근거를 가지고 존재한다. 그러므로 모두가 따라야 할 하나의 기준은 없다. 기준을 세우지 말라. 그러면 비교하는 일이 없을 것이요 비교하는 일이 없으면 평등할 것이다. 모두 제각기 자기근거를 가지고 자기이유를 가지고 자기기준을 가지고 존재하는 데 시비우열(是非優劣)이 있고 고하장단(高下長短)이 있겠는가?

시비우열 고하장단이 생기는 것은 하나의 통일기준을 세우는 데서 비롯한다. 그런 통일기준은 없다. 이것이 장자가 말하는 "제물"의 뜻이다. 자연으로 존재하는 만물에 자기 존재이유를 가지지 않고 있는 존재가 있겠는가? 추호(秋毫)가 태산(泰山)보다 크다는 말이 그래서 나온다. 있지도 않는 것을 찾고 만들어내는 데서 비롯한다. 자연은 과학에서 찾고 있는 통일이론으로 존재하는 것이 아니다. 자연과학이라 하나 자연은 과학이 아니다. 인문과학이 더 타당한 말일지도 모른다.

동양 철인들이 생각한 시간과 공간도 그렇다. 어떻게 시작과 처음이, 우주발생이 빅뱅에 있으며 끝과 종말이 블랙홀에 있겠

48) "昔之得一者 天得一以淸 地得一以寧 神得一以靈 谷得一以盈 萬物得一以生."(『老子』 39장)

는가?

동양 우주론에서 보면 물물마다에 모두 시종(始終)이 있다. 어떻게 우주가 하나이겠는가? 물물마다가 모두 무한자요 우주다.[49] 그리고 모두 자기근거, 자기기준을 가지고 있다. 이 자기기준, 자기근거, 자기근원이 일(一)이다. 이 일은 과학이나 물리학에서 말하는 통일이론의 일이 아니다.

동양 우주론에서는 현대물리학에서 추구하는 통일이론을 세우려고도 하지 않고 있다고도 생각하지 않는다. 하나로 꿰는 통일이론이 있다 하더라도 그것은 인간이 억지로 일부분을 붙들고 주장한 이론일 뿐이요, 자연에 있는 것이 아니다.[50]

동양 철인들은 동일성, 일반성을 찾아나가는 데 있는 것이 아니라 존재자는 모두 자기근거, 자기이유를 가지고 다르게 존재한다고 생각하고 있다. 동일성, 일반성은 구체적 사물에서는 있는 것이 아니다. 그 있지도 않은 것을 만들어 물물마다의 자기근거를 가지고 존재하는 존재자를 간섭하고 있을 뿐이라고 생각한다. 이론이나 법칙은 만들어가는 것일 뿐 있는 것이 아니다.[51]

---

49) 티끌 먼지 하나도 무량세계요, 우주 아님이 없다.

50) 만유인력, 상대성이론, 불확정성이론도 통일이론의 불가능을 확인해줄 뿐이다.

51) 시·공간과 함께 실상과 물상을 문제 삼는 동양철학의 핵심이 여기에 있다.

5. 동양 우주론의 전개

　지금까지 살펴본 것으로 말한다면 동양 우주론에서 무는 실상이요, 실상은 존재 본연이요, 자연이요, 박(樸)이요, 일(一)이다. 모두 나뉘기 전, 분화되기 전의 실재를 말한다고 할 수 있다. 그 존재현전의 실재를 실상이라 하고 무라고 한다.[52] 무를 무명(無名)이라고도 하니 어떠한 형(形)도 상(象)도 구별도 한계도 없는 분화 이전의 하나(一)로 있는 존재자라는 말이요, 그래서 일물(一物)이라고도 한다.[53] 박이 그렇게 있는 존재요, 자연이 그렇게 있는 존재요, 일(一)이 그렇게 있는 존재다. 모든 존재자의 실상이 그렇게 있다는 것이다. 그렇게 있는 존재현전의 실재(실상)가 무요, 일이요, 그 일이 우주의 근원이요, 만물의 근원이다. 무물이다.

　동양에서 원(○)은 이 무를 나타낸 그림이기도 하다. 원을 무의 그림이라고 본다면, 원을 이루고 있는 둥근 선분은 블랙홀에서 빛고리를 이루고 있는 둥근 모습의 사건지평선(event horizon)과 같이 볼 수도 있으리라. 무의 그림에서 둥근 선분 안은 실상(無物)이요 선분 밖은 물상(物)의 세계로, 원 안팎의 경계

---

52) 시간과 공간이 분리되지 않고 미분된 하나(一)의 상태(자리)에 있는 존재를 일(一) 또는 실상이라 한다. 이 실상을 그림으로 나타낸 것이 원, 곧 일원상(一圓相)이다. 고대 동양 철인들이 말하는 도(道), 박(樸), 태극(太極), 무(無), 무극(無極), 무명(無名), 무물(無物) 등은 모두 이 실상을 말하고 있는 것이다.

53) "有一物於此 絶名相 貫古今 處一塵圍六合."(『金剛經』「涵虛堂序」)

를 말할 수 있으리라.

사건지평선 안의 블랙홀이 모든 물질은 물론 빛과 시간마저도 삼켜버려 다시는 아무것도 탈출할 수 없으므로 블랙홀의 내용은 영원히 알 수 없다고 하는 것처럼, 무의 그림에서 둥근 선분 안의 무의 세계는 알 수 없는 것이다. 이 알 수 없는 세계가 실상의 세계다. 블랙홀이 둥근 사건지평선(빛고리)이라는 안팎의 경계를 가지고 있는 것처럼, 무의 그림에서도 둥근 원(무한 시공간)의 선분으로 안팎의 경계를 가지고 있다고 할 수 있다. 이 경계 안의 무의 세계 곧 실상의 세계에서는 시간도 공간도 아무것도 문제 삼을 수 없으므로 영원히 알 수 없는 존재자(物) 아닌 존재(無物) 실상만이 있을 뿐이다.[54] 그리고 문제 삼을 수 있는 존재자 곧 물상의 세계는 둥근 선분이라는 경계 밖(시공간 밖)의 세계다. 그 선분 밖의 세계를 만물 곧 물상의 세계라고 한다.

이 경계 밖의 물상의 세계는 시간과 공간이라는 존재형식으로 존재하는 것을 말한다. 반드시 상(象)을 가지고 마주서는 존재자(物)의 세계를 말하고 있는 것이다. 무의 세계 곧 실상의 세계가 시·공간이 없는 자리에 있는 존재자(物) 아닌 존재(無物)를 말하는 것이라면, 물상의 세계는 시간과 공간이라는 존재형식

---

54) 원(○)은 시·공간 그림이요, 우주의 그림이요, 태극·무극·무·도의 그림이다. 무를 좌표에서 시·공간이 만나는 자리(0.0) 점으로 보아 특이점과 비교할 수도 있다 하겠으나, 블랙홀을 관측 촬영한 영상자료에 나타난 둥근 모습의 사건지평선의 원(사실은 구)은 무의 그림에서 둥근 선분 안은 실상(무물)이요 선분 밖은 물상의 세계로서, 원의 안과 밖의 경계를 말할 수 있다. 실상은 무물로 알 수 없는 존재다. 무물은 다름 아닌 무다.

을 가지고 존재하는 것, 즉 무물(實相)이 아닌 물(物象)로 존재하는 것이라고 할 수 있다. 다시 말해서 이것은 원의 둥근 선분이 시·공간의 유무를 가르는 경계라고 할 수도 있다.

블랙홀에서 우주의 소멸(종말)과 함께 시간의 종말(끝)을 말하고 빅뱅이론에서 우주의 탄생과 함께 시간의 시작을 말하고 있는 것을 보면, 동양 철인들은 실상과 물상을 문제 삼으면서 시·공간의 시작과 끝을 말한다고 할 수 있다. 실상이 블랙홀에 해당하고 물상의 세계는 빅뱅(우주의 탄생)에 해당한다고 볼 수 있다. 물론 이를 가당치 않은 비교와 설명이라 할 수도 있겠으나 시간의 시작과 끝을 한 가지로만 말할 수 있는 것이 아니라는 점과 시간은 공간과 함께 사물을 떠나서 문제 삼을 수 없다는 점을 시사해주고 있다고 하지 않을 수 없다.

아무튼지 동양 우주론의 전개는 "태초에 무가 있었다"는 무에서 시·공간의 소멸과 함께 또한 생겨나는 시작을 물상에서 문제 삼으면서 실상론과 물상론으로 전개해나간다고 할 수 있다.

무와 일(一)은 나뉘고 분화되기 전 미분(未分)의 존재(실상)를 말한다. 그러한 실상을 박(樸)이라고도 한다.[55] 박은 아무런 분화도 일어나기 전의 미분의 존재요, 아무런 이름도 없다. 아무런 이름도 없는 무명의 박(樸=無物)에서 나뉘고 분화되어 상(象)

---

55) 박(樸)은 미분의 존재요 무명이다. "無名之樸 夫亦將無欲 不欲以靜 天下將自定."(『老子』37장)

을 가지고 이름을 가지는 유명(有名)의 세계, 개별적 물상으로 넘어오는 것을 만물의 시작(생성)이라고 한다.[56] 그런 전개과정을 시간과 공간의 존재형식으로, 음양(陰陽)으로, 존재자 곧 만물의 존재현상으로 설명하고 있다. 그 전개과정을 다루고 있는 것이 역(易)이라 할 수 있다.[57]

　　역은 다름 아닌 물상학(物象學)이요 물상, 곧 존재자의 존재현상을 괘(卦)와 효(爻)로서 개진하고 있다. 역에서 괘는 공간적 물상이요, 효는 시간적 물상이다. 그리고 음양으로 그 물상의 변화를 말하고 있다.[58] 변화는 끊임없이 이어지는 생성 곧 시·공간의 전개를 말하고 있는 것이다. 그 변화를 생명이라 해도 무방할 것이다. 그 생명(변화)은 무궁무한하다는 것으로 이어진다.[59] 시간과 공간 그리고 음양이라는 존재형식을 가지고 인식 밖의 실상이 인식 안으로 들어와 존재자(物)의 세계를 이루게 되는 물상의 전개과정을 밝히고 있는 것이 『역(易)』이라는 책이다. 동양 우주론의 전개는 이 역이 중심이 되어 전개된다고 할 수 있다.[60]

---

56) "道常無名樸 始制有名 名亦既有."(『노자』 32장)

57) 역(易)은 시·공의 상(象)을 가지는 물상적(物象的) 전개다.

58) 역(易)에서 괘(卦)와 효(爻)는 시간과 공간적 물상이요 음과 양도 다름 아닌 시·공간적 물상이다.

59) 역(易)의 마지막 괘는 화수미제괘(火水未濟卦)다. 이 마지막 미제괘(未濟卦)는 생명(변화), 곧 물상 전개는 무한히 계속된다는 것을 말하고 있다.

60) 역(易)은 태극이 음양(陰陽), 사상(四象), 팔괘(八卦)로 시작하여 화수미제(火水未濟)로 64괘의 마지막 괘를 잡고 있다.

그러나 이 역에서 한 가지 흥미로운 것은 모든 이론은 언어의 한계를 벗어날 수 없다는 것을 밝히고 있는 점이라 하겠다. 인간의 지혜가 아무리 뛰어나고 과학이론과 기술이 발전한다 하더라도 인간은 인간의 한계를 넘어설 수 없다는 점을 밝히고 있는 것이다.[61] 이것은 앞에서도 잠시 밝힌 바 있거니와 모든 존재자는 각기 자기근거(바탕)를 가지고 존재한다. 다시 말하면 만물은 물물마다 자기근거를 가지고 자기는 자기로서 존재한다는 것이 자연(自然)이라고 생각함으로써 하나로 꿰는 법칙이나 통일이론은 있을 수 없는 점을 시사하고 있다.

동양 철인들의 생각은 바로 이러한 자연관에 있었기 때문에 빅뱅이론이나 블랙홀에서 우주의 시작과 종말을 찾지 않고 물물마다를 다 우주로 보아 물의 시작과 끝(종말)을 말하고 있는 것이다. 시간과 공간도 무수한 시작과 끝이 있다고 보고 있다. 티끌 하나도 우주요 자연으로 보고 있다. 이러한 우주론은 동양 철인들이 가지는 자연관과 시간관에서 비롯하는 것이다. 동양 우주론에서는 무수한 시작과 끝을 말할 수 있을지는 모르나 우주의 탄생과 종말을 말하는 그런 종말은 없다. 동양에는 종말론이 없다는 말이다.

동양 우주론은 서양 현대물리학에서 전체를 꿰는 통일이론을 찾아 들어가는 것과는 다르다. 동양의 철인들은 아예 그런

---

61) "書不盡言 言不盡意."(『주역』「계사편」)

것에는 관심이 없었을지도 모른다. 아예 통일이론 같은 것은 있다고 보지도 않는다.[62] 동양 철인들에게 우주는 어떤 하나의 물체를 말하는 것이 아니라 무궁무진한 것임을 밝히려는 생각 때문이다. 우주를 시·공간으로 말하는 것은 무궁무진을 말하는 것일 뿐 어떤 물체나 존재자를 가리키고 있는 것이 아니다.[63] 모든 물체는 유한하고 시작과 끝이 있다. 그러나 우주가 무궁무진(무극)하다고 보는 것은 물체를 말하고 있는 것이 아니다. 동양 철인들은 우주를 그렇게 생각했다는 것이다.

그러나 과학자들은 현대 이론물리학에서 우주를 유한한 것으로 생각하고 있으며, 빅뱅과 블랙홀은 그 유한한 우주의 탄생(시작)과 소멸(종말)을 말하게 되는 것이라고 할 수 있다. 시간을 양끝(시작과 끝)이 있는 선분처럼 생각하는 것도 그렇고 우주를 완벽하게 규명할 통일이론에 매달리는 것도 그렇다고 할 수 있다.

동양의 철인들은 우주의 시작이 있고 끝이 있다고 생각하지 않는다. 앞에서 말한 것처럼 그런 것에는 아예 관심이 없다. 우주는 유한하다고 보지 않기 때문이다. 하지만 과학이론인 최근의 현대물리학에서 우주는 138억 년 전에 빅뱅과 함께 탄생했으며 미래에 반드시 종말이 올 것이라고 생각(예측)하고 있다.

---

62) 동양 철인들의 우주관이 그렇다.
63) 우주라는 개념이 시간과 공간임과 동시에 무극무궁하다는 말이다.

시작이 있었으니까 끝이 반드시 있으리라는 생각이다. 그러나 동양 철인들은 그렇게 생각하지 않았다. 우주에 끝이 있거나 종말이 온다고도 생각하지 않았다. 오히려 시작이 없으니 끝도 없으리라고 생각하였다. 무시무종(無始無終)은 바로 이를 말하는 것이다.

동양의 철인들은 모든 관심을 과거와 미래에 두고 있지 않고 현재에 두고 있다.[64] 현전실재에 있다. 그것은 한 사물을 바라보는 데 있어서도 그렇다. 무엇이 지금 내 앞에 마주선 현전실재인가, 참존재인가에 있다. 실상(實相=無物)을 문제 삼고 있는 것이 바로 여기에 있다.

그것은 우주론에서도 그렇다. 우주의 과거나 미래, 다시 말해서 탄생(시작)과 종말(끝)에는 관심이 없다. 동양 철인들의 관심은 내 앞에 마주선 존재현전의 실재에 있다. 지금 내 앞에 마주선 대상, 존재현상들이 실재하며 본래 있는 대로의 사실적 존재인가 하는 것이다. 그러나 우주의 과거나 미래는 그렇지 않다. 실재의 사실적 존재가 아니라 만들어진 존재라는 것이다.

대상으로 내 앞에 마주서는 모든 존재현상은 상(象)을 가진다. 그것을 물상이라고 한다. 형모성색(形貌聲色)을 가진다. 어떤 모양(象)을 가진다. 그렇게 마주서는 물상은 존재현전의 실재가 아니다. 우리는 실재(실상)와는 마주설 수가 없다. 상을 가

---

64) 과거나 미래는 머릿속에만 있는 것이요, 실재하는 것이 아니라고 본다.

지는 물상과만 마주설 수 있다. 그 상을 가지는 물상을 누가 만드는가? 내가 만든다. 인간이 만든다.

가령 들판에 서 있는 하나의 미루나무(포플러)를 예로 들어보자. 미루나무는 거리에 따라 시간에 따라 크기도 달라지고 모양도 달라진다. 보는 사람이 언제 어디서 보느냐에 따라 마주선 모양이 달라진다. 쇠기둥 하나가 서 있는 것처럼 보일 수도 있을 것이요, 나무가 아닌 어떤 물체가 서 있는 것으로 보일 수도 있을 것이다. 아주 먼 거리에서 보면 하나의 점으로 보일 수도 있다. 그 밖의 수없이 많은 다른 물상으로 마주설 수 있는 것이다. 그러나 어떤 물상이 미루나무 본래의 물상이라고 단정할 수는 없다. 굳이 단정을 한다면 모든 물상이 다 미루나무의 물상일 뿐이다. 이것은 시간과 공간이 한 가지로 머물러 있는(고정된) 것이 아님을 의미한다. 동양 우주론은 바로 이러한 관점에서 설명·이해해야만 한다고 생각한다.

동양 우주론은 서양의 현대 이론물리학에서처럼 우주를 유한하다고 보지 않는다. 무한하다고 생각한다. 그러므로 우주의 탄생이나 종말을 말하지 않고 시간의 시작과 끝을 말하지 않는다. 뿐만 아니라 탄생으로부터 오랜 역사성(시간과정) 속에서 가공할 만큼의 진화과정을 밟아 오늘에 이르렀다는 등에도 관심이 없다.[65]

---

65) 역사성적 관심과 연구는 현전실재가 아닌 없는 것에 대한 관심과 연구라고 할 수 있다.

동양 철인들의 관심은 과거나 미래가 아니라 내 앞에 있는 존재현전의 실재가 무엇인가에 있다. 그리고 매일 마주하는 물상은 무엇인가에 있다. 이 두 가지 중에 존재현전의 실재가 참존재로, 진유(眞有)이기는 하나 알 수 없는 존재로 이를 실상이라 하는 것이요, 또 한 가지는 매일 마주서는 물상으로 상을 가지고 존재하는 물(존재자)을 말한다.

실상과 물상은 과거나 미래에서가 아니라 현재에서 바로 오늘에서 그것도 나에게서 문제가 되는 것이다. 앞에서 미루나무의 예를 든 것처럼, 물상은 나(관찰자)에게서 만들어져 마주서는 것이다. 그러나 아무것도 없는 것에서 생기는 것은 아니다. 바탕이 있다. 그 바탕이 실상이다.[66] 그 실상을 근원이라 하는 것이요, 무라고 하는 것이다.

"태초에 무가 있었다"는 무가 그 실상을 말한다. 무는 무유(無有)·무물(無物)·무명(無名)이나 거기서 일(一)이 생겨난다.[67] 그러나 일이 있으나 아직 형(形)이 없다. 미형(未形)이다. 그러나 그 일을 얻어서 만물이 생한다.[68] 노자는 하늘이 그 일을 얻어 하늘이 되고, 땅은 그 일을 얻어 땅이 되고, 계곡은 그 일을 얻

---

66) "實相者不可以見聞覺智求 不可以色香味觸覓 故是實相者, 卽是非相 又是實相者 非有相非無相 非非有相非非無相 是故如來說名實相."(『金剛經』「離相寂滅分」) 실상이라는 말 자체가 참존재의 바탕이요, 있는 그대로의 존재라는 말이다.

67) "泰初有無 無有無名 一之所起 有一而未形 物得以生."(『莊子』「天地」)

68) 註67 참조.

어 계곡이 되고, 만물은 각기 그 일을 얻어서 만물이 된다고 하였다.[69] 또 도는 일을 생하고, 일은 이를 생하고, 이는 삼을 생하고, 삼이 만물을 생한다. 또 반대로 만물은 유(일)에서 생하고, 그 유는 무에서 생한다고 하였다.[70]

무와 일, 박의 이론은 장자보다는 노자가 먼저 말하고, 장자가 그 이론을 이어받은 것이라고 할 수 있다. 이 지극히 간단한 우주론의 전개는 "박산즉위기(樸散則爲器)"[71]로서 요약된다고 할 수 있다. 그리고 "무명천지지시(無名天地之始)"와 "유명만물지모(有名萬物之母)"로서 요약된다고 할 수 있다.[72] 또 "유물혼성 선천지생(有物混成 先天地生)"[73]과 "만물생어유 유생어무(萬物生於有 有生於無)"[74]를 장자가 이어받아 "태초에 무가 있었다(泰初有無)"[75]고 했던 것이다. 여기서 태초라는 것은 실상(無物)에서 물상(有物)으로 넘어가는 처음을 태초라고 한다고 할 수 있다.

그러나 이 모든 동양 우주론의 전개는 물리(과학)적 이론의 논

---

69) "昔之得一者 天得一以淸 地得一以寧 神得一以靈 谷得一以盈 萬物得一以生."(『老子』 39장) 여기서 일(一)은 물(物)이 모두 자기근거를 가지고 존재한다는 일(一)이다.

70) "天下萬物生於有 有生於無"(『老子』40장), "道生一一生二二生三三生萬物."(『老子』42 장)

71) 『老子』28장.

72) 『老子』1장.

73) 『老子』25장.

74) 『老子』40장.

75) 『莊子』「天地」.

리적 전개라기보다 인식론적 전개로, 실상과 물상의 관계를 밝히는 데 있었던 것이라고 할 수 있다. 노자·장자의 철학이 그렇고, 불교의 돈오(頓悟), 선(禪)의 각(覺, 開眼)의 이론이 그렇고, 역(易)의 이론이 물리이론에 가깝다고 하나 그 역시 시·공간과 함께 마주선 존재현상인 물상의 인식론적 전개라고 볼 수 있다. 그러므로 역사적 관점이나 진화론적 관점에서 전개되는 우주론이 아니다. 이러한 인식론적 전개를 노자는 아무것도 인식(분화)되지 않은 상태(一)로 마주서는 존재자연을 무명(무물)이라 하고, 그것을 존재의 바탕(天地之始)인 실상이라 하였고, 그것이 인식대상으로 마주서는 것을 만물이라고 하였으며, 그것을 물상이라고 하였다.[76]

장자는 이것을 태초에는 물상으로 마주서기 전의 무(실상)가 있었고, 그 다음으로 인식대상으로 유가 있게 되었으나 아직 나뉘고 분화되기 전이요, 그 다음으로 나뉘어 구분이 있게 되었으나 아직 옳고 그름(是非)은 마주서지 않았고, 그다음으로 시비가 있게 되자 실상을 잃게 되었다. 그것은 전적으로 분화하려는 지적 요구(有慾, 愛)에서 오는 것이라고 하였다.[77] 이러한 우주의 전개를 노자는 "박산즉위기"라 했던 것이다. 여기서 "박산"

---

76) "無名天地之始 有名萬物之母 故常無欲以觀其妙 常有欲以觀其徼."(『老子』1장)

77) "有以爲未始有物者 至矣盡矣 不可以加矣 其次以爲有物矣而未始有封也 其次 以爲有封焉 而未始有是非也 是非之彰也道之所以虧 道之所以虧 愛之所以成."(『莊子』「齊物論」)

은 시제유명(始制有名)으로 들어간다는 것이요, 인식됨(有名)으로서 물상(爲器)이 된다는 것이다. 박은 실상(自然)이요, 실상을 인식 안으로 끌어들이는 것이 산(散)이요, 산은 다름 아닌 분화다. 그 한없는 분화(인식과정)에서 인식대상인 만물로 마주서는 것이다.[78] 박산의 반대는 귀박(歸樸)이다. 귀박을 무와 함께 블랙홀과 상관한다면, 박산을 돈오와 함께 빅뱅과 상관해 생각해 볼 수도 있으리라.

이러한 인식론적 전개과정이 다름 아닌 동양 우주론의 전개라고 할 수 있다.

6. 결론

모든 과학이론은 결정론에 기반을 두고 있다고 할 수 있다. 우주론도 인과관계에 따른 어떤 법칙에 의하여 결정되어 있다는 결정론에 기반을 두고 있다.

그러나 동양 우주론은 그러한 결정론에 의거하지 않는다. 그러므로 시간에 있어서도 공간에 있어서도 처음과 끝, 시작과 종말에 관심이 없다. 무엇 하나 유한(有限)한 것으로 보지 않기 때문이다. 동양 철인들은 우주를 유한한 존재로 보지 않는다. 크

---

78) "樸散則爲器."(『老子』28장), "始制有名 名亦旣有."(『老子』32장)

고 무한하기만 하다. 우주를 시간과 공간으로 보는 것도 그 무한함을 말하기 위함이다. 시간도 공간도 끝이 없다는 말이다. 우주는 한계가 없다는 말이다. 무한한 것에서 시작과 끝, 처음과 종말을 찾는다는 것은 없는 것을 찾는 데 불과하다. 그러므로 우주의 탄생과 종말에는 관심이 없다. 없다고 보기 때문이다. 시간도 무궁한 것이요, 공간도 무진한 것이다. 큰 것도 무한하고 작은 것도 무한하다. 크기로는 한정하는 둘레가 없고(至大無外) 작기로는 더 쪼갤 속이 없다(至小無內).

가령 시(始)가 있었다 하면 시가 있기 전의 시가 있었을 것이요, 시가 있기 전 그 이전의 시가 있었을 것이다.[79]

"유가 있고 무가 있다면 유무가 있기 전이 있었을 것이요, 유무가 있기 전 그 이전도 있었을 것이다. 무엇이 유요 무엇이 무인가?"[80]

"태초에는 아무것도 없었다. 그러다 물(物)이 있었다고 생각했고 그 다음은 물이 있었으나 아무 구별이 없었다. 그 다음은 구별은 있었으나 옳고 그름이 없었다. 그러다가 옳고 그름이 있게 되자 질서가 무너졌다. 질서가 무너지는 것은 기준을 세워 최고를 이루려는 욕심 때문이다. 기준을 세우지 않는다면 무엇

---

79) "有始也者 有未始有始也者 有未始有夫未始有始也者."(『莊子』「齊物論」)

80) "有有也者 有无也者 有未始有无也者 有未始有夫未始有无也者."(『莊子』「齊物論」)

이 옳고 무엇이 그름이 있겠는가?"[81]

이렇게 따져 처음 시작을 찾고 최후 도달의 끝을 찾으려는 것은 부질없는 일이다. 헛된 일이요 한이 없는 일이다. 없는 것을 찾고 있는 때문이다. 오지도 않은 시간과 가버리고 없는 시간을 따라가고 거슬러 올라가봐야 없는 것을 찾고 있는 것이 아니겠는가? 그 어디에 시작이 있고 어디에 끝이 있는 것인가?[82] 실지로 있는 것은 존재현전의 실재, 오늘에 있는 것이요, 내 앞에 있는 것이다. 그 실재가 실상이요, 도(道)요, 무요, 바탕(樸)이요, 자연이요, 만물의 근원이다. 시간의 기점이요, 공간의 기점이기도 하다. 우주의 출발도 여기서 시작하고 모든 것이 여기서 출발한다.

동양의 우주론은 존재현전의 실재 바로 여기에서 출발한다. 우주론의 전개가 여기서 시작한다. 무와 실상이 우주의 시작이요, 출발이다. 바로 이 자리가 모든 것의 시작이요, 태초다. 빅뱅의 특이점에 해당한다고 할 수도 있겠으나 그것에서 우주의 출발을 찾는 그런 태초가 아니다.

동양의 철인들은 실상(無)을 우주의 원천이라 생각하고 모든 물상과 만물이 그 원천(근원)으로부터 나온다고 보았다. 시간이 그 원천에서 나오고 공간이 그 원천에서 시작한다. 그 원천이

---

81) 주79 참조.

82) 시작과 끝은 사념 속에 있는 것일 뿐 실재하는 것이 아니다. 시간도 무시무종하고 공간도 무시무종이다. 시간과 공간이 분리되어 독립된 존재로 있는 것이 아니기 때문이다.

"지금 바로 여기", 오늘에 있는데 우주의 시작을 과거에서 찾고 오지도 않은 미래에서 그 종말을 찾으려 하는가? 이것이 그들의 생각이었다. 지금 바로 여기가 태초요, 시작이요, 출발점이다. 그리고 종말도 지금 바로 여기에 있다.

"태초에 무만이 있었다. 유도 없고 이름도 없었다. 아무것도 분화되지 않은 하나(一)만이 있었을 뿐이다. 그 하나로 있는 일을 혼일(混一)이라 한다. 그 혼일이 나뉘어 하늘과 땅이 되고, 그 하나가 나뉘어 시간과 공간이 되고, 그 하나가 나뉘어 유와 무가 되었다. 그 나뉜 것이 분화되고 끊임없이 더 분화가 되어 상을 가지는 물상이 되고 구별을 가지는 만물이 된다."[83]

"도가 일을 생하니 일이 이를 낳고 이가 삼을 생하고 삼이 만물을 생한다"[84]는 말도 나뉘고 끊임없이 분화되어 만물을 이룬다는 분화과정을 밝히고 있는 것이다.

『주역』에서는 하나(一太極)가 나뉘어 음과 양이 되고, 음과 양이 분화되어, 사상(四象)이 되고, 사상이 분화되어 팔괘(八卦)가 되고, 팔괘가 분화되어 64괘가 되고, 더 분화되고 더 분화되어 끊임없이 무한으로 전개되는 과정을 밝히고 있으니[85] 이 모든

---

83) "有物混成 先天地生."(『老子』25장), "太初有無 無有無名 一之所起 有一而未形 物得以生."(『莊子』「天地」)

84) "道生一 一生二 二生三 三生萬物."(『老子』42장)

85) 역(易)의 마지막 괘를 화수미괘(火水未濟)로 한 것은 여기서 분화과정이 끝나는 것이 아니라 무한히 계속됨을 말한다.

것이 우주론의 전개라고 할 수 있다.

이 모든 과정과 전개는 끊임없이 상을 만들어 우리 앞에 마주서는 물상을 말하는 것으로 많은 세월 속에 이루어지는 역사적 진화나 발전을 말하는 것이 아니다. 실재의 바탕 위에서 나와 맞서는 존재현상 곧 물상을 말하는 것이다. 여기서는 존재현상(물상)은 존재현전의 실재 곧 실상이 아니라 끊임없이 변화하는 물상을 말하는 것이다. 실상은 마주서지 못하고 물상만으로 마주서는 것은 전적으로 시간과 공간 때문이다. 시간과 공간을 문제 삼으면서 물상의 세계를 전개해나가고 있는 것이다. 이것이 동양 우주론의 전개다.

시간과 공간은 본래는 하나(一)로 있어 나뉠 수 없는(不可分) 것이나 나뉘어 시간 따로 공간 따로 분리하지 않고는 아무런 물상도 만들지 못한다. 분리했을 때 시간적 물상과 공간적 물상으로 동정(動靜) 두 가지 물상을 구성한다. 움직이는 물상과 머물러 있는 물상 변화와 불변으로 마주서게 된다.[86] 이렇게 말고는 아무것도 마주서지 못한다.

바로 이 물상을 만들어 마주세우는 것이 동양의 우주론 전개다. 그리고 빅뱅과 관련하여서는 각(覺=開眼), 돈오와 함께 앎의 지평을 열어가는 무지(無知), 이명(以明)을 대비해 말할 수 있을지도 모른다. 그때 마주서는 세계는 물물마다 스스로 존재하는

---

86) 이렇게 나뉘어 가지는 물상을 음양이라 하며 시간적 물상과 공간적 물상으로 마주 세운다.

무위자연(無爲自然)으로 마주서는 물상이라 하겠다. 물은 물이요 산은 산으로 마주서는 물상이다.

"박산즉위기(樸散則爲器)"와 관련하여서는 박(樸)은 특이점과 같고 산(散)은 각(覺)과 함께 빅뱅에 견준다면, 기(器)는 다름 아닌 물상, 만물(우주)의 탄생과 대비해 말할 수도 있으리라. 이름이 생겨나고 각 개체가 있게 되는 것이다. 우주가 탄생하는 것이라고 할 수 있다.

동양의 철인들이 생각한 우주는 무한함이었다. 우주가 무한한 것이 아니라 무한한 것이 우주라 해도 무방할 것이다. 존재의 무한이요, 과정(전개)의 무한이요, 앎의 무한이다. 그 무한을 향해 앎의 지평을 열어가는 것이 동양 우주론의 전개라고 할 수도 있다. 여기서 앎의 지평을 열어간다는 것은 다름 아닌 현실을 꿰뚫어 보는 삶의 지혜를 가지게 하는 데 있다고 할 수도 있다.

동양에는 서양과는 달리 종말론이 없다. 그것은 양끝이 있는 선분처럼 시작과 끝이 있다고 보는 시간관과 시작과 끝이 없다는 무시무종(無始無終)의 원으로 보는 시간관 때문이리라.[87]

---

87) 이 글에서 블랙홀과 빅뱅 우주의 탄생 시간에 관한 것은 스티븐 호킹의 『블랙홀』(이종필 옮김)과 『시간의 역사』(전대호 옮김)을 참고한 것이다.

한국사상과 풍류

―노래와 춤―

1. 한국이라는 나라

세계지도를 펼쳐놓고 보면 하나의 점으로밖에는 표시되지 않는 조그만 나라. 그러나 그 점 위에서 끊어질 듯 이어오면서 무던히도 끈질긴 생명력의 힘을 가지고 오늘날까지 5천년의 역사를 버티고 내려오고 있는 나라가 한국이다.

고대의 중국사료 기록에서는 "예로부터 거기에는 온화하고 유순하며 소박한 성품을 지닌 백성(柔樸民)이 살고 있다"했으며, "길을 서로 비켜가고 다투지 않으며(互讓不爭), 예의를 지키는 질서 속(衣冠帶劍)에 조용한 아침의 자연을 즐기면서 살아가고 있다"고 했던 나라. 그리하여 동방의 군자가 사는 나라. 아시

아의 등불이라 했던 나라가 바로 한국이다.

부드러운 마음결은 그 많은 긴 역사의 세월 속에 줄곧 남의 나라의 침략과 수모만을 받아왔을 뿐, 한 번도 제대로 타국을 향해 욕심을 부려보지 못했던 연약하고 용기 없는 나라. 그러나 평화를 사랑하는 온유한 마음은 아름다운 곡선의 미각을 창조해내 추녀 끝을 감아올리고, 여인네 버선코에 미의 열매를 매달았던 나라, 한국! 그 파란 쪽빛 하늘을 도공의 혼에 담아 술을 빚었고, 끊어질 듯 이어져나가는 음율의 가락은 솟구치는 물굽이를 타고 살허리를 돌아 넘으면서 멀리 하늘로 닿아 올라 천상의 혼을 불러 내렸으니, 이 땅 한반도를 낙원으로 생각하여 현세에서 영생토록 오래오래 신과 함께하기를 기원하면서 살아온 나라. 바로 한국이라는 나라다.

신을 지상으로 불러 내리는 이러한 현세관은 이 땅을 낙토로 알고 사랑했기에 내세관에는 별로 관심이 없었고, 온갖 신이 잡다하게 많았으나 그것은 모두 현세를 지켜주고 보호해주는 신이 아니면 이 땅을 떠나기 싫어 아쉬워하고 샘을 내어 시기하는 원혼들뿐이었다. 한국에 선신(善神)보다 악신(惡神)이 많은 것은 이러한 현세관에서 비롯되는 것이거니와 길지를 찾아 조상을 모시고 양지를 찾아 집을 짓고 초려(草廬)를 얽어나갔던 것도, 그리고 잔칫날 마당에는 황토를 뿌렸고, 문틀 위에는 처용(處容)의 얼굴을 그려 붙였던 것도 원혼을 달래고 악신의 침범을 막아 이 땅 위에서 오래오래 살고자 하는 기원에서 나온 것이었다.

278

베개 모서리에는 청실홍실 수복(壽福)의 혼을 정성스레 수놓았고 흉배(胸背)에는 십장생을 그려 끌어안았으며 병풍에는 동자를 대동한 신선의 그림을 많이 그렸다. 바다 거북이는 잡아도 놓아주고 구렁이가 잠자리에 들어와도 내쫓지를 않았다. 무녀는 원혼을 달래어 하얀 광목에 길을 갈랐고 소경은 독경(讀經)으로 악신을 잡아 병에 가두어 장사를 지냈다.

이것은 모두가 그대로 하나의 신앙이요 생활이었으며 결코 무지에서 나온 미신만은 아니었다. 신앙은 언제나 무지(無知)·유지(有知)를 훨씬 뛰어넘어 저만큼 인간의 본질로부터 바라는 소박하고 간절한 소망에서 나오는 것이요, 얄팍한 실리 앞에서 욕심으로 매달리는 무지의 바탕에서 오는 것과는 다르기 때문이다. 문명이 아무리 발달하고 지식이 아무리 넓어진 오늘이라 해도 신앙은 있는 것이며, 그 신앙의 본질에 있어서는 예나 지금이 구별되어지는 것도 아니다. 신앙이 가질 수 있는 초월적 본질성이 바로 여기에 있다고 하겠다.

우리 민족은 그 신앙의 본질적 바탕을 현실적 구원의 소망에다 두었고, 원혼을 달래고 악신을 추방하는 데 두었다. 선신을 그러한 인간의 소망적 존재성과 다름없는 것으로 생각했던지라 하늘이 그대로 사람이요 피안(彼岸)이 아닌 차안(此岸)의 현세적 존재성이라 알고 있었다. 그러므로 하늘이 곧 사람이라는 우리의 인내천(人乃天)사상은 동학(東學)에 와서 비로소 처음 시작된 것이 아니요, 민족의 출발과 함께하는 태고적 웅화인(熊化

人)에서부터 그 뿌리를 찾아 올라갈 수가 있다고 하겠으니 사람마다 다 하나하나 신적 존재요, 그리하여 현세에서 완전인(神人)으로 오래오래 이 땅 위에서 장수하라는 기원이 그 신앙의 으뜸이 되고 있었다.

신앙과는 조금 다르기는 하지만 신지선초(神芝仙草)를 가꾸고 선약(人蔘)의 재배작업을 일찍부터 시작했던 것도 그러한 기원(소망)의 뿌리를 다지는 데 있었고, 심신의 단련으로 신인을 꿈꾸면서 흡인벽곡(吸引辟穀)의 단학(丹學)인 신선술(神仙術)이 그 맥을 이어 줄기차게 형성되어 내려온 것도 그러한 뿌리 때문이었다.

이러한 자연사상이 현실적 인간관으로 연결되자 풍류(風流)사상을 낳게 했다. 풍류사상은 현세관을 그 바탕으로 하고 있다. 국가관으로 옮겨졌을 때는 화랑정신과 한국적 특성의 호국불교를 가져오게 하였다. 그리고 조선조에 들어와서는 불의(不義) 앞에 죽음도 사양치 않는 비분강개의 초연한 선비정신을 구체화한 것도 현세를 소중히 여기는 현실적 소망의 기원에 그 뿌리가 있었다고 하겠다.

그러나 그 현실적 소망의 요구는 물질적 풍요나 실리에 있었던 것이 아니라 자연과의 조화소통에 있었던 것이기 때문에 한국인의 자연에 대한 태도는 따르고 쫓아가는 수순의 입장에 있었던 것이요, 대립하는 도전적 입장의 자연은 아니었다.

이것이 한국인의 성품을 문약(文弱)하게 만든 한 원인이 되기도 하였지만, 정관(靜觀) 속에 사물을 관조하는 마음은 문갑 하나를 만들고 사발 하나를 빚어나가는 데 며칠 몇 달을 소비하다가도 마음에 들지 않으면 마가 끼었다 하여 부숴버리고 다시 만들게 하였다. 공장들은 일을 착수하기 전에 부정한 음식을 피했고 마음의 재계를 몇 달 전부터 하여 정신 다듬기부터 시작하였으니 그 생활 자체가 실리에 있었던 것이 아니라 마음으로 기원하는 혼의 소통에 있었던 것이다.

그러므로 그들의 생활이 온통 그대로 신앙의 세계요 예술의 세계였으니, 선조들이 남기고 간 유품들에서 그러한 혼과 손길이 지금도 살아 있음을 찾아볼 수 있다. 흔히 이러한 한국 사람의 성품적 특성을 눈물이 많고 감동하기 잘하는 정(情)적 인간의 바탕에서 찾기도 하나 이 또한 실리와는 거리를 가지는 소박하고 때묻지 않은 마음바탕을 지적함에서 오는 것이라 하겠다.

이러한 한국인에게는 그러한 정적·신앙적 바탕 이외에 또한 그에 못지않게 싸늘한 논리적 사고의 바탕도 없지 않았으니 고구려의 승랑(僧郎)이나 신라 원효(元曉)의 철학적 분석이 그것을 증명해주거니와 조선조 성리학에서 성(性)·정(情)으로 분리되는 심리철학은 또 얼마나 철저했던가에서 찾아낼 수가 있다. 그러므로 한국에서는 논리적 학론으로 들어올 적에는 철학은 있었지만 오히려 신학은 있지 아니하였다. 이것은 한국사상이 현대적 특성을 가지고 있다는 데서 그 원인을 찾을 수 있다고 하겠다.

승랑의 철학은 중국 삼론종(三論宗)의 선구가 되었거니와 불교에서 생멸무상의 실상(實相)은 여기에서 확립되었고, 원효의 철학은 제가(諸家)의 학론을 융화 회통하는 화쟁론(和諍論)의 조화정신에 있었는가 하면, 성리학은 현실적 인간의 마음근원이 하늘과 맞닿아 그 본질성이 신과 다름없는 동시 구조성 위에 있음을 해명해 들어감에 있었다고 하겠으니, 이 모두 그 사유의 바탕은 한국사상의 현세적 특징에 그 뿌리를 두고 이루어진 철학이라고 하지 않을 수 없다.

2. 노래와 춤

우리나라 사람은 놀이를 좋아한다고 흔히들 말하고 있다.

오늘의 사람만이 그러한 것이 아니라 옛날을 살아간 우리의 선인들도 그러하였다. 노래로 춤으로 서로를 즐기고 산수를 찾아 멀리 노닐었다는 화랑의 생활이 그러하였다. 많은 사람들이 모여 창악(倡樂)을 하고 가희(歌戱)를 즐기며 노닐었다고 하는 옛 기록도 있다. 인생을 즐기며 살아왔음을 말해준다고 할 수 있다.

우리 민족은 인생을 즐길 줄 알았다. 사는 멋을 알았다. 밭에서 김을 매다가도 잠시 쉬는 참에 춤과 노래로 인생을 즐겼고, 길을 가다가도 경관이 좋으면 머물러 쉬어갈 줄 아는 인생의 멋을 알았다. 하루하루를 살아가는 것이 미상불 힘들고 고달픈 일이기는 하였으나 사는 멋이 있어 인생을 연장하고 싶었다. 오래 살고 싶었다.

우리나라 사람은 예로부터 인생을 거부하거나 세상을 부정적으로 보지 않았다. 조금만 사는 멋을 알면 인생은 살만한 것이요, 이 세상은 아름다운 것이라고 생각하였다. 그리하여 이 세상에서 영원토록 오래오래 살기를 바랐으며 이 땅을 천상의 신마저 내려와 살고 싶어 할 만큼 아름다운 세상으로 생각하였다. 이것이 바로 한국인의 현세관으로 드러나거니와 이러한 현세관은 또한 인생에서 사는 멋을 찾을 수 있었던 때문이라고 할 수 있다.

이 세상을 살아가는 것, 즉 인생은 죄의 대가로 죄의 값을 치르느라고 마지못해 살아가고 있는 것이 아니라 사는 멋이 있어 살만한 인생이어서 살아가는 것이라고 할 수 있다. 그 사는 멋, 인생의 멋을 우리나라 사람들은 노래와 춤과 놀이에서 찾았다고 할 수 있다. 그것이 다름 아닌 풍류(風流)이다.

인생에 있어서 사는 멋, 그것은 가장 솔직한 마음, 가장 진솔하고 인간적인 마음으로 돌아와 자연 앞에 마주서는 삶의 자리이다. 그것에는 고달픔도 아픔도 어떠한 마음의 억지도 없고 오직 생의 환희만이 있을 뿐이다. 그 환희로 드러나는 것이 발 한번 들어보고 팔 한번 내려보는 가무요 노래요 춤이요 놀이이다. 이것이 풍류다. 아니 그보다는 가무에서 창악하고 오유(娛遊)하는 데서 생의 환희를 만나고 삶의 멋으로 드러나고 있는 것이 풍류라고 할 수 있다. 아무튼 풍류는 가장 인간적으로 살아가는 인생에 있어서의 삶의 멋이라고 할 수 있다.

가장 인간적으로 산다는 것은 마음으로 정(情)으로 산다는 말이다. 돌이나 나무는 정이 있는 것이 아니요, 소나 개와 말 따위 짐승들에게도 생물적 충동은 있을지 모르나 정이 있는 것은 아니다. 찡하고 가슴으로 와닿는 것이 정이라면 고통이 아닌 아픔이 마음으로 와닿는 것이 정이다. 이것은 인간만이 가지는 것이요, 그러므로 가장 인간적인 것, 곧 인간의 마음이라고 할 수 있는 것이다. 사랑도 생각으로 하는 것이 아니라 마음으로 한다. 신과의 소통도 생각으로 하는 것이 아니라 마음으로 한다. 우리 민족의 삶이, 한국인의 삶이 그러하였다.

3. 인생을 마음으로 살아간다

인생은 생각으로 살아가는 것이 아니라 마음으로 살아간다.

생각은 따지며 분별하며 비교하며 구별하는 작업의 수행이지만, 마음은 슬프고 아프고 미워하고 사랑하는 삶의 현장이다. 인생은 결코 따지면서 살아가는 것이 아니라 느끼면서 살아가는 것이다. 그 느끼는 것이야말로 마음의 정이다.

한국인은 정(情)이 많은 민족이다. 온통 인생을 정 하나로 살아온 민족이라고 할 수 있다. 정이 많은 사람은 늘 마음의 아픔을 가지고 살아간다. 한국인은 한이 많은 민족이라고 하는 것도 그 때문이라고 할 수 있다.

그러나 그들은 그 한을 풀 줄 알았고 마음의 아픔을 달랠 줄 알았다. 노래로 풀고 춤으로 풀고 놀이로 풀었다. 매듭을 푸는 것처럼 가슴의 응어리를 풀고 마음의 원(怨)을 풀고 한의 아픔을 풀어나갔다. 그리고 갚음하고 거두어들이는 일에는 굳이 매달리려 하지 않았다. 그들은 악착스럽지 않았다. 영악스럽지 못하였다. 얼마나 아름다운 인생을 살아온 것이며 얼마나 인간적인 삶을 살아온 것인가?

우수사려(憂愁思慮)! 근심하며 걱정하며 그 가운데서 기쁨과 슬픔, 미움과 사랑을 맛보며 살아가는 것이야말로 참다운 인생이 아닐 수 없다. 인생은 결코 옳고 그름을 따지며 주고받음을 분명히 하는 악착스러운 생각 속에 있는 것이 아니라 하루하루를 살아가는 생활 속에 현장적으로 느끼고 와닿는 마음속에 있는 것이다. 거기에는 쓰라림과 아픔의 마음만이 있는 것이 아니라 순간순간 와닿는 사랑과 희열의 마음도 있는 것이다. 이것이 인생이다.

우리 민족은 이 인생을 알고 살아온 민족이라고 할 수 있다. 그러므로 인생을 고달프게만 살아온 것이 아니라 기쁘고 즐겁게 때로는 희열을 느끼며 살아오기도 하였던 것이다.

한국인의 삶을 한이라 하는 것은 마음의 아픔을 말하는 것이요, 그러나 그 아픈 마음을 기쁨과 희열로 바꾸어놓을 줄도 알

앉으니 그것을 일러 풍류라고 하는 것이다.

풍류는 한과 더불어 한국인의 삶, 한국인의 인생을 잘 표현해 주고 있는 말이라고 할 수 있다. 가장 인간적으로 인생을 살아간 것임을 말해주고 있는 것이다. 아픔은 얼마나 인간적이며, 잠시 세간사를 잊고 희열에 잠겨보는 것이야말로 얼마나 솔직한 삶의 모습인가? 우리 민족은 인생을 알고 인생을 음미하면서 살아온 민족이라고 할 수 있다.

정이 있어 아픔이 있고 희열이 있다. 마음의 아픔이 한이라면 희열은 풍류다. 풍류야말로 살아 있음의 확인이요 생의 찬미라고 할 수 있다. 한국인의 아픔이 한이라면 그 아픔 위에 희열을 수놓아 생을 찬미하는 것이 풍류다. 예술로 수를 놓고 종교로 수를 놓고 노래로 수를 놓고 춤으로 수를 놓는다. 그리고 생을 찬미하고 살아 있음을 확인한다. 이것이 한국인의 인생이요 풍류다. 아픔을 희열로 승화시켜나가는 마음이, 여유가 풍류다.

풍류는 생의 찬미라고 할 수 있다. 살아 있음을 확인하는 생명의 율동이다. 팔을 한번 들어보고 발을 한번 내려보는 생명의 힘, 살아 있음의 동작, 그것이 가락이요 율동이다. 지금도 고달픈 인생을 살아가다가 하마 잊을까 하여 틈틈이 살아 있음을 확인하는 생명적 율동을 어디서나 찾아볼 수 있다. 자연경관이 좋은 곳에서는 더욱 그러하고 잔칫날 마당에서 한바탕 가락으로 춤으로 돌고 나서는 이제야 인생 사는 맛을 알 것 같다는 말을 하기도 한다. 또는 이런 맛에 인생을 살아간다는 말을 하기도 한다. 까맣게 잊고 있었던 삶의 의미를 확인하는 순간이라고 할 수 있다.

이러한 삶의 태도는 가무로서 서로를 즐기고 산수를 찾아 멀리 노닐었다는 신라 사람들 그 훨씬 이전부터 있어왔던 것이다. 그리고 그것은 오늘에까지 그대로 우리 생활 속에 이어져 내려오고 있는 것이다.

놀이문화, 그 속에 한국인의 인생관이 있다고 할 수 있다. 그것이 풍류다.

4. 풍류

최치원은 일찍이 우리 민족이 갖고 있는 오묘한 정신세계를 "풍류"라고 지적한 일이 있다. 그리고 그 풍류를 충효와 선악 그리고 무위로 유불도의 3교사상을 가지고 해석하였다. 아마도 풍류에 대한 최초의 개념적 정의요 해석이라고 할 수 있다.

그리고 이후 김부식은 김대문의 『화랑세기』와 최치원의 풍류설을 끌어와 화랑(花郎)의 제도를 설명하면서 화랑의 도를 풍류라 하였으며, 또 그 밖의 기록들도 대개는 풍류를 화랑의 정신 내지는 화랑의 무리(花郎徒)를 가리키는 것으로 나타나고 있음을 본다. 이것은 모두 화랑의 정신 내지는 그 기풍을 의미한다고 보아도 좋을 것이다.

그러나 오늘에 있어 풍류를 신라의 화랑이라는 특수계층에 있었던 사상 내지는 생활정신을 드러내는 것으로만 생각할 필요는 없을 것이다. 또 최치원의 그 천착된 해석에 구애되어 이해할 필요도 없음 직하다. 그러한 현묘한 도로서 어려운 의미가 풍류가 갖는 본래의 의미요 해석일지는 모르나 우리가 일반적으로 알고 있는, 또 지금도 항상 쓰고 있는 풍류의 의미와는 거리가 있는 것이기 때문이다. 더구나 최치원의 풍류에 대한 해석은 더욱 그러하다. 우리의 사상을 풍류로서 드러내주고 있는 것은 더할 수 없는 좋은 지적이지만, 그 풍류가 유불도의 3교사상을 다 싸안고 있다는 해석은 일껏 드러내준 한국사상을 오히려 다시 무엇인지를 모르게 하고 있다고 할 수 있다.

어떤 한 개념이 가지고 있는 의미 내지는 내용을 이해하려고 할 때 그 개념에 대한 현학적인 정의를 내리는 자료에만 의거하는 것보다 일반적으로 널리 쓰이는 통상적 의미로부터 이해해 들어가는 것이 그 개념이 가진 본래의 사실적 내용에 보다 더 접근할 수 있는 것이다. 가령 '도(道)'의 경우만 해도 그렇다. 도는 볼 수도 만질 수도 없고 시작도 끝도 없으며 알 수 있는 것도 아니라고 한다. 그러나 도를 그렇게 어렵게만 생각할 것이 아니라, 우리가 통상적으로 알고 쓰고 있는 말, 즉 한 가지 일에 남달리 뛰어난 재주를 가지고 있는 사람의 경우를 두고, 그는 그 일에 "도통했다", "도를 통했다"라고 하는 말의 의미와 관련하여 생각해보면, 도(道)는 그렇게 어려운 말이 아닐 수도 있기 때문이다. 풍류의 경우도 마찬가지로 생각해볼 수 있다고 하겠다.

"사람은 풍류가 있어야 한다", "오늘의 사회에는 풍류가 없다"는 말은 흔히 쓰는 말이다. 이때 풍류라는 말은 "사람 사는 멋"이라는 뜻일 것이다. 또는 "사람은 놀 줄 알아야 한다"라는 말과 놀 줄 아는 사람을 풍류객이라 하는가 하면 노래와 춤을 함께 일러 풍류가락이라고 하기도 한다. 그러고 보면 풍류는 노래요 춤이요 놀이이다. 또는 그 가운데서 찾아지는 "사람 사는 멋"을 의미한다고 볼 수도 있다.

5. 가무와 창희

앞에서 풍류는 생의 찬미이자 한의 아픔 위에 희열을 수놓아 가는 생명의 율동이라 하였거니와 그 풍류의 구체적 모습은 팔을 한번 들어보고 발을 한번 내려보는 춤이요 가락이요 멋이요 놀이이다. 가희(歌戲)라 하고 가무(歌舞)라 해도 좋은 것이다. 그저 놀이라고 해도 무방한 것이다.

놀이는 "놀다", "논다"에서 온 말이다. "논다"는 "움직인다", "움직인다"는 "살아 있다"는 말의 뜻을 가진다. 그러므로 놀이는 "살아 있음" 곧 생명의 동작을 의미하고 있는 것이다. 살아 있음의 확인이다. 그 살아 있음의 확인이 생명적 율동으로 드러난다. 그것이 가희요 가무요 놀이요 풍류이다.

가무(歌舞). 노래하고 춤을 추는 놀이에서 고달픔을 잊고 시름을 달래고 한의 아픔을 푼다. 살아가는 온갖 굴레를 벗어나고 자질구레한 세간 일을 잊고 따지고 계교(計較)하는 생각을 잊고 어제를 후회하고 내일을 걱정하는 마음도, 미워하고 원망하고 시기하고 질투하고 음해하는 마음도, 분노하고 슬퍼하는 걱정도 없어진다. 그리고 그 마음속 깊은 곳에서 희열이 솟는다. 팔이 절로 올라가고 발이 절로 내려온다. 생명의 발단이요 살아 있음의 동작이요 율동이다.

이것은 일을 하는 행위와는 다르다. 김을 매는 동작과는 다르다. 억지가 없다. 자연과 하나가 된다. 무지(舞之)하고 도지(蹈之)한다. 아! 하는 소리가 난다. 싸우는 소리도 아니다. 화내는 소리가 아니다. 지어내는 소리가 아니다. 억지의 소리가 아니다. 절로 나는 소리다. 자연의 소리다. 그것이 산등성이를 타고 가락을 이루고 물길을 만나 정으로 흐른다. 살아 있음의 율동이요 호흡이요 생명의 발산이다. 생의 희열이다. 이것이 풍류다. 삶의 의미요 사는 멋이다. 이 멋이 있어 인생은 살아갈 만하고 고달픔도 아픔도 마음에 담아 넘길 수가 있는 것이다.

한이 없는 사람은 아픔을 모른다. 아픔을 맛보지 않은 사람은 그 희열을 알 수가 없다. 인생이 무엇인지도 살아 있음이 무엇인지도 알 수가 없는 것이다. 그것은 오직 마음으로 정으로 살아가는 사람만이 가지는 삶의 세계다. 생각으로 이론으로 사는 사람에게는 한도 없고 희열도 없다. 오직 이해득실을 따지는 계교만이 있을 뿐이다. 고통은 있어도 아픔은 있지 아니하며 좌절은 있어도 한은 없다. 한이 없기 때문에 기쁨은 있어도 희열의 마음은 없는 것이다. 희열이 무엇인지를 모른다. 인생이 무엇인지를 모른다. 인생은 고통과 기쁨의 세계가 아니라 아픔과 희열의 세계다. 한국인의 인생관은 그러하였다. 한국인의 삶의 세계는 그러하였다.

희열! 그것은 생각으로부터 나오는 모든 것으로부터, 생활의 속박으로부터 나오는 자질구레한 모든 것으로부터, 모든 마음의 억지로부터, 굴레로부터 벗어나 있을 때의 자연의 마음 내지는 생명의 발산 그 자체라고 해도 무방할 것이다. 그 생명의 율동이 가무다. 생의 찬미요 희열이요 환희다. 이 살아 있음의 율동, 생명의 호흡을 도공은 흙으로 빚었고 악공은 선율에 담았다. 그리하여 그 작품에서는 생명이 뛰어 놀고 호흡하는 숨결이 있었다. 시각적인 미를 뛰어넘어 마음으로 와닿는 숨결이 있었다. 그것을 혼이라고 한다. 그 혼(生命)의 발산을 율동이라 하고 가무라고 한다. 사자(死者)를 맞고 보내는 데 있어서도 이 율동으로써 하였고(葬則歌舞相送) 제례를 지내는 데 있어서도 이 율동으로써 하였다. 무격(巫覡)이 춤을 추고 창기가 가락을 뽑는다. 거기서 호흡을 함께하고 살아 있음을 함께한다. 하나가 된다. 사람과 하나가 되고 자연과 하나가 되고 신과 하나가 된다. 한국인의 신앙의 모습도 여기에서 발견한다.

자연과 하나가 되는 자리에 서 있는 것을 예술이라고 한다면, 신과 하나가 되는 자리에 서 있는 것은 바로 바로 한국인의 신앙의 모습이라고 할 수 있을 것이다.

이 하나가 되는 자리를 신명(神命)이라고도 하는 것이다.

6. 삶의 철학

풍류의 풍(風)은 노래요 류(流)는 가락이라 하고 춤이라고 할 수도 있다. 그래서 가무요 놀이를 풍류라고도 한다. 거기에서 잠시 세속을 잊어버리고 시름을 잊어버리고 아픔을 잊어버리고 어제와 오늘, 오늘과 내일의 시간도 잊어버린다. 속박의 모든 굴레로부터 삶의 멍에로부터 벗어난다. 억지로부터 벗어난다. 그리고 하나가 된다. 신과 하나가 되고 자연과 하나가 된다. 생의 환희가 발산한다. 이것을 풍류라고 한다. 그리하여 풍류를 자연이라고도 하는 것이다.

인생은 고달픈 것이다. 어제를 돌아보면 오늘의 마음이 아프고, 내일을 생각하면 오늘의 삶이 더욱 고달프다. 그러나 고달프게 살기 위하여 내 인생이 있는 것은 아니다. 고달픈 인생! 이 인생을 생각하는 데서 풍류라는 것이 있게 된 것이라고 할 수 있다. 그러므로 자질구레한 세간사에 얽매이지 않고 범사(凡事)에 대범한 기풍을 가져보자는 것이 풍류인 것도 같고, 시기니

질투니 하는 세속경쟁의 악착스러움과 고뇌도 없이 너그럽고 평온한 감정을 노출시키면서 천성대로 자연을 따라 멋을 함께 하는 마음의 기상을 가져보자는 것이 풍류로 이해되기도 한다. 이 기상이 선풍(仙風)으로 고양되기도 한다. 풍류와 선풍이 같은 맥락에서 이해되는 것도 이 때문이라고 하겠다.

우리 민족은 이런 기상 속에서 인생을 살아왔다고 할 수 있다. 화랑도 정신이 바로 그러한 기상의 맥이요, 그 맥이 오늘에까지 이어져오면서 한국사상을 이루어왔다고 할 수 있다. 풍류의 맥이 그대로 오늘의 생활에 이어지고 있다.

풍류는 놀이이다. 삶의 철학이 풍류이다. 옛날도 풍류의 의미는 그러하였고, 오늘날 풍류의 의미도 그러하다. 옛날 중국의 기록에도 한족은 가무를 즐겨한다고 하지 않았던가?

우리 민족은 이 놀이, 곧 풍류의 기상을 가지고 그 속에서 시름도 잊고 고뇌를 털고 순수한 삶의 의미가 이곳에 있음을 확인해오면서 살아왔다고 할 수 있다. 그러므로 풍류는 다름 아닌 생의 구가(謳歌)이다.

예로부터 우리 민족은 풍류를 좋아하였다. 지금도 사람들이 모이면 어디에서나 춤을 추고 노래하며 놀이마당을 벌이는 것을 발견할 수가 있다. 물이 있고 산이 있어 자연경관이 아름다운 곳이면 더욱 그렇다. 그 속에서 내가 살아 있고 우리가 살아 있다는 삶의 확인을 하면서 살아간다. 그것이 풍류다.

풍류는 가장 인간적으로 살자는 삶의 자세라고 할 수 있다.

날로 민심이 각박하여 삶의 자세가 흐트러지자 선풍을 진작시켜 만물(백성)을 열락하게 하라고 하교했던 고려 의종의 칙령이 바로 그러한 데 있었던 것이 아니었던가?

7. 한국인의 현세관

한국인은 정(情)이 많은 민족이라고 하였거니와 그 정적인 삶이 한국인의 생활특성으로 드러난다.

정이 많은 사람은 못 잊어 아쉬워하는 마음의 미련과 현실의 집착 속에 살아간다. 그 미련이 마음의 아픔을 가져오게 하고 현실 집착이 삶의 의미를 현세에서 찾게 하고 있다.

한국인의 생활이 그러하였고 예술이 그러하였고 철학이 그러하였고 신앙이 그러하였다. 끊어질 듯 아쉬워 다시 이어져나가는 노랫가락이 그러하고 휘감아 돌아가는 춤추는 여인네의 손끝이 팔소매가 아쉬움의 여운을 가지고 전희(前戲)와 연결된다. 맺고 끊고 하는 단절이 없다.

아쉬워 차마 다하지 못하고 끊어버리지 못하는 여운의 마음은 한번 사랑한 연인을 모질게 밀치고 돌아서지를 못하며 지나간 일이라고 하여 무로 돌리는 일이 없다. 이것을 단순히 회상적 삶이라고 우습게 여기고 넘길 수 있을지 모르나 오늘이 어제와 무관한 것이 아니고 보면 한국인의 오늘을 보는 시각을 여기에서 찾아볼 수 있다고 하겠다.

돌아가신 부모님이 있어 오늘의 내가 있는 것이요 지나간 역사의 연결고리 속에서 오늘의 현실이 있는 것이고 보면, 오늘을 파악하는 한국인의 현실관은 단절된 현실관이 아님을 알 수 있다. 이것을 역사의식이라 해도 무방할 것이다. 역사의식은 바로 오늘을 문제 삼자는 데 있는 것이기 때문이다.

한국인은 오늘의 문제, 오늘의 삶을 소중히 생각한 민족이었다. 신앙의 문제에 있어서도 그 초점은 언제나 오늘의 현실로 돌아온다. 모든 한국종교의 특성이 현세관으로 드러나는 것도 여기에 있다.

무속을 비롯한 잡다한 민간신앙은 물론 조상의 숭배나 국가의 제례도 그러하였다. 불교도 심지어는 기독교도 한국에 들어와서는 내세관이 희박해지고 오늘의 삶, 현실의 문제와 관련하여 양재기복(禳災祈福) 내지는 현세구원을 바탕으로 신앙생활의 초점이 모아진다.

이것이 특히 기복적인 종교현상으로 드러나거니와 기복은 현세적이라는 데 그 특징을 가진다. 그리고 그것은 합리적인 사고의 추구 내지는 위탁이라기보다는 현실적 소망을 정에 호소해보는 것이라고 할 수 있다. 마음으로 와닿는 정의 교감을 바탕으로 하는 것이다. 흔히 이것을 영적 체험이라 하거니와 그 체험이라는 것이 다름 아닌 정적인 교감(交感)이다.

신앙은 이성을 가지고 생각으로 하는 것이 아니라 정을 바탕으로 직접 마음으로 와닿는 현장적 호흡에서 찾을 수 있다고 하는 것이 그것이다. 그렇게 보면 기복이야말로 정으로 교감하는 신앙의 본래 모습이라고 할 수 있다. 아니 모든 종교는 정으로 호소하는 절실한 기복현상에서 참신앙의 현장적인 모습이 드러난다고 할 수 있다.

한국인의 신앙이 바로 그러한 것이었다. 한국인이야말로 가장 신앙(종교)적인 사람이라고 할 수 있다. 정이 많은 민족이라 신앙적인 민족이요, 어떠한 종교도 다 수용하면서 생활 속의 정으로 교감한다. 종교의 박물관이라이라 할 만큼 많은 오늘날 우리의 종교현상도 그것을 말해준다.

살아가는 생활 그대로가 모두 신앙적인 것이다. 삶의 현장에서 어느 것 하나 정으로 만나고 정으로 보내지 않는 것이 없기 때문이다. 그 정적인 교감이 예술로 나타나고 종교로 나타나고 생활의 현장에서는 놀이로 나타난다.

정은 언제나 현장적인 마음의 현상으로 살아 있는 호흡이다. 생각도 그 마음과 호흡을 만나 생활로 이어진다. 그것이 인생이요 삶의 세계다. 인생은 생각으로 살아가는 것이 아니라 마음으로 살아간다는 말은 하루하루의 삶이 따지고 계교하는 속에서 사는 것이 아니라 마음으로 와닿고 교감하는 신앙적 자세 속에서 살아간다는 말이다.

한국인은 정이 많고, 정이 더 소중했던지라 철학적 과제에 있어서도 성(性)보다는 정(情)에 더 관심이 앞선다. 저 유명한 사단

칠정(四端七情)의 철학적 논쟁이 바로 그 정에 대한 논변이거니와 그것이 이발(理發) 기발(氣發)의 문제로 곤두서게 된 것은 바로 인간의 현장적인 삶의 현상이 정이라는 데 있었던 때문이라고 할 수 있다. 이 정적 삶의 문제와 관련하여 현세적 내 삶의 인생을 생각하는 데서 오는 것이 풍류라고 할 수 있다.

그러므로 풍류란 정적인 삶에서 오는 마음의 세계다. 그것은 내세보다는 현세적 삶, 지금 내가 살고 있음에 대한 생의 찬미요 구가라고 할 수 있다.

풍류는 한국인의 현세관을 말해주는 삶의 모습이라고 할 수 있다. 불처럼 번져나가는 오늘날 거리의 노래방도 우리 민족의 삶의 뿌리와 무관한 것이 아닌 것 같다. 다만 그렇게밖에는 발산할 길 없는 지금 우리 삶이 생활이 안타깝고 아쉬울 뿐이다. 놀이문화가 좀 더 건전한 것으로 나타나 삶의 멋을 찾는 풍류의 본래의 모습을 되찾았으면 하는 마음이 없지 않다.

*이 글은 1983년 미국 워싱턴주립대학에 1년간 머물고 있을 때 발표한 원고의 초록이다.

지은이 · **송항룡** 宋恒龍

경기도 가평군 산촌에서 살고 있는 필자는 1938년 평안북도 박천에서 태어났다. 해방되던 해 경상북도 풍기로 내려와 소년 시절을 서당에서 보내다가 6.25때 서울로 올라왔다. 성균관대학교에서 동양철학을 전공하여 철학박사가 된 후, 단국대학교 교수를 거쳐 성균관대학교에서 정년을 맞았다. 현재 성균관대학교 명예교수다. 동양철학연구회장, 도가철학회장 등을 역임했다.

지은 책으로『한국도교철학사』,『동양인의 철학적 사고와 그 삶의 세계』,『장자의 사유와 수필 세계』,『맹랑 선생전』,『남화원의 향연—이야기 장자 철학』,『시간과 공간 그리고 지금 바로 여기』,『노자가 부른 노래』,『노자를 이렇게 읽었다』,『맹랑 선생, 그는 광대였다』등이 있다.

상상서사 想像敍事 03 시간과 공간 그리고 말 대화편

1판 1쇄 발행 2022년 8월 1일
1판 1쇄 발행 2022년 8월 10일

지은이 | 송항룡
펴낸이 | 신동렬
책임편집 | 현상철
편집 | 신철호 · 구남희
마케팅 | 박정수 · 김지현

펴낸곳 | 성균관대학교출판부
주소 | 03063 서울특별시 종로구 성균관로 25-2
등록 | 1975년 5월 21일 제1975-9호
전화 | 02)760-1253~4 팩스 | 02)762-7452
홈페이지 | http://press.skku.edu

ISBN 979-11-5550-505-2 03150
값 16,000원